U0964338

厚德载物 大道树人

——新时期中小学教师职业道德修养

王颖◎编著

吉林大学出版社

图书在版编目(CIP)数据

厚德载物　大道树人：新时期中小学教师职业道德修养 / 王颖编著. --长春：吉林大学出版社，2011.6

ISBN 978-7-5601-7365-8

Ⅰ.①厚…　Ⅱ.①王…　Ⅲ.①中小学-师德　Ⅳ.①G635.16

中国版本图书馆 CIP 数据核字(2011)第 097219 号

书　名:厚德载物　大道树人——新时期中小学教师职业道德修养
作　者:王颖　编著

责任编辑、责任校对:陈颂琴　宋睿文　　封面设计:兆镜
吉林大学出版社出版、发行　　北京盛源印刷有限公司　印刷
开本:787×1092　毫米　1/16　　2011 年 5 月　第 1 版
印张:11　字数:183 千字　　2015 年 5 月　第 3 次印刷
ISBN 978-7-5601-7365-8　　定价:25.00 元

版权所有　翻印必究

社址:长春市明德路 501 号　邮编:130021
发行部电话:0431-89580026/28/29
网址:http://www.jlup.com.cn
E-mail:jlup@mail.jlu.edu.cn

目录 Contents

第一章　师德——为师之本 / 1

一、教师职业道德概述 / 1

二、时代对师德的呼唤 / 15

三、师德的底线是什么 / 24

四、确定“师德底线”的依据 / 26

第二章　爱国守法——教师职业的基本要求 / 29

一、热爱祖国是教师职业道德教育的永恒主题 / 29

二、依法执教是师德修养的底线要求 / 34

第三章　爱岗敬业——教师职业的本质要求 / 42

一、谁偷走了教师的幸福 / 42

二、在爱国守法中获得教师职业的支撑 / 48

三、从爱岗敬业中感悟教师幸福 / 50

第四章　关爱学生——教师职业道德的灵魂 / 65

一、师生关系的现状调查及不良表现 / 67

二、师生关系不良的原因分析 / 76

三、理想的师生关系所具备的特征 / 81

四、教师之爱是师德之魂 / 83
五、教师应该怎样爱学生 / 93
六、爱生的前提——尊重学生的权利 / 102
七、爱生的关键——教师公正 / 107
八、怎样与老师讲平等 / 115

第五章　教书育人——教师的天职 / 128
一、教书育人的内涵 / 128
二、教什么？育什么？——教师的根本任务 / 131
三、在教学活动中如何做到既教书又育人 / 135
四、从教育过程来看，教书育人是一个系统工程 / 136
五、教书育人的具体做法及目标 / 137

第六章　为人师表——教师职业的内在要求 / 139
一、为人师表——彰显教师的德行魅力 / 139
二、为人师表——追求真善美的理想人格 / 142
三、为人师表要处理好与学生家长的关系 / 149

第七章　终身学习——教师职业道德提升的不竭动力 / 154
一、怎样减少教师背离师德的行为 / 155
二、教师应如何自我修养师德 / 158
三、师德的境界 / 163

第一章

师德——为师之本

在敢于担当培养一个人的任务以前，自己必须要造就成一个人，自己就必须是一个值得推崇的模范。

——卢梭

任何社会的延续和发展都离不开对人的培养，为了满足这种内在需要，社会创造了培养人的专门事业——教育，也诞生了专门从事教育工作的职业——教师。千百年来，教师在人类的沧桑流变中被赋予了教化万民、培育后代的社会重任。师德是一种职业道德，它是教师和一切教育工作者在从事教育活动中必须遵守的道德规范和行为准则，以及与之相适应的道德观念、情操和品质。教师不仅得到人们的诸多赞誉，也被赋予了比其他社会职业更高的道德要求。当今社会，尤其如此。究其原因，是由教师的职业特点决定的，是由教师职业道德的特殊性及巨大意义决定的。

一、教师职业道德概述

“为什么教师的道德就非得高人一等？这只是一个职业，跟工人没什么两样，所以没必要对他们职业技能之外的其他东西过于苛求。”

“对教师的道德水平必须有高于其他人的要求。教师的工作就是教书育人，学术和道德这两项是同等重要的。如果不对教师在道德方面的要求高一点儿，那谁还敢把孩子送进学校？”

面对两种不同的声音，早在2004年，《中国青年报》社会调查中心和搜狐教育频道合作实施了一项调查：教师是否应该承担更多的社会道德责任？结果显示，79%的公众认为教师应该比其他职业的人在道德上负有更多的责任。并且，公众认为教师应该具有三种最基本素质：“具有较高的道德水平，能以身作则教导学生”（26%），“客观公正地对待每一个学生，不偏私”（21%），“学术水平高”（18%），前两项直接是对师德要求的表达。

为什么公众对教师的职业道德有更高要求？这恐怕和教师职业特点、师德的特点及价值密不可分。

（一）教师职业及其劳动特点

教师职业是一种古老的职业。原始社会中即有“伏羲氏之世，天下多兽，故教民以猎”（《尸子》）、“神农氏制耒耜，教民农作”（《周易·系辞》）、“后稷氏稼穑，树艺五谷，五谷熟而民人育”（《孟子·滕文公上》）等传说，说明在部落社会中的首领，即以其劳动经验来教育群众，充当着教师的职责。

到了奴隶社会，初期虽然有了专门的学校，但由于是官师合一，教师皆由政府职官兼任，还未成为单独的社会职业。如在我国，大约到了西周，官学中专门设教育官“师氏”，并有“大师”“小师”之分，但他们不是真正职业上的教师。[①] 到春秋末期，出现了私学，于是在中国教育史上出现了以教为业并以此谋生的教师和教师职业。在西方，古希腊时期出现的“智者派”是最早的教师。

纵观古代教师，其功能基本表现为社会政治伦理功能和教化功能。而今，教育已成为社会持续发展的动力，教师的作用也不仅表现在传承文化方面，更以其多功能性、专门性、高素质性和发展性成为社会发展和变革的重要力量。

1. 教师职业的发展

教师职业伴随着人类社会的产生而产生，但作为专门培养学校教师的专业性教育却只有三百多年的历史。概括起来，其发展大致经历了三个主要阶段，即从“经验化”到“技术化”再到“专业化”，教师教育目标则经历了培养

---

① 孙培青. 中国教育史［M］. 华东师范大学出版社，2000：21.

“工匠型”教师到“技术型”教师再到“反思型”教师的发展历程。①

（1）“经验化”与“工匠型”教师观。从上古学校产生起到工业制度形成以前，教育还没有被作为科学研究的对象，因此也没有进行专业化训练的教师教育机构。随着工业化制度的建立以及义务教育的普及，国民教育制度的建立，一方面教育规模扩大，对教师的需求量激增；另一方面，人们开始认识到，若要提高教育质量，提高劳动效率，还要对教师进行必要的职业训练。于是，许多国家在设置初等学校、国民学校、初级中学的同时，也开始设置培养专职的中小学教师的师范教育机构。1861 年，拉萨尔在法国兰斯创立世界上第一所师资培训学校，可算是人类教师教育的滥觞。此后，奥地利、德国等纷纷出现了一些短期师资培训机构。但这些早期的师资培训机构培训时间很短，水平很低，充其量是一种职业训练而非专业训练。它好比是师傅带徒弟，培养的关键在于有经验的指导者，指导者必须是这个行业的专家，年轻的受训者通过模仿“专家”的手艺技术，遵循他的指导和建议来学习，通过这种程序，专业技术被一代一代传递下来。这种“学徒制”的师资培养模式，把教师看作工匠一样，认为只要有一定的文化知识，在教学实践中自然就会掌握教学和管理技能。但这种方法在理论上缺乏系统性，虽然能使新教师获得一些感性的知识和个别的经验，却不能形成系统的理论和规律性认识，因而也就无法对以后的教学具有普遍的指导意义。

（2）“技术化”与“技术型”教师观。随着教育学的发展，教育规律被大量揭示，教育不再是过去的教师随心所欲的活动，而是必须依据由教育科学所揭示的教育规律行动。特别是伴随现代科学技术及技术理性的发展，技术理性主义亦成为教育领域的主导意识形态，这使得教师专业化理论发展到新的阶段，教师教育的专业化因而转向“技术化”。20 世纪 60 年代以后，“能力本位”的师范教育理念将“胜任型”教师的培养推向高潮。教师职业被看作是学科知识与教育知识及技术的熟练应用。这种培养模式解决了师范教育扩展数量的问题，却付出了惨痛的代价，即在让师范生单纯操作技术的过程中，把“只要掌握各种技术，就能有效工作”的假设也传递给了师范生，从而使他们渐渐失去了批判地分析、思考复杂的教学背景和过程的愿望与能力，放弃根据

---

① http://wenku.baidu.com/view/1d42d7b9fd0a79563c1e7286.html.

自己的思考而决定自己的行动的责任感，成为按照固定模式和方法操作的“技术员”

（3）“专业化”与“反思型”教师观。尽管早期的教师教育缺乏现代教育科学理论的支撑，但毕竟标志着从经验型教师向专业型教师的历史性转变，意味着教师专业化的开始。1966 年，国际劳工组织和联合国教科文组织提出的《关于教师地位的建议》，首次以官方文件的形式对教师专业化做出了说明，提出应把教育工作视为专门职业。1986 年，美国卡内基工作小组和霍姆斯小组同时强调以确立教师的专业性作为教师教育改革和教师职业发展的目标。这种追求专业发展的教师专业化理论与 20 世纪后期兴起的后现代主义不谋而合。在后现代主义看来，现代学校制度把人当作“工具”来塑造，师范教育也只是强调教师教学技术行为训练而忽视对教学行为的理性思考和价值评判，不能解释教学行为背后的理论基础。由此提出，教育不应是冷冰冰的工具主义的技术操作，而应该是充满爱心、平等对话、相互理解的过程；教师不再是知识权威的代表，而是各种教育教学理论和政策报告的解构者。这种以后现代主义思想为背景而形成的教育理念，推动着教师专业化运动中“反思型”教师观的形成与确立。实践也证明，成熟的教师，应该是反思型的教师。他们不仅要有有效的经验行为，还要有理性的思考，应能解释、反思自己的教学实践。而“经验型”教师在现实教学中是直觉的而非理性的、例行的而非自觉的。

2. 教师是什么样的职业

研究教师是什么样的职业，需要从教师的职业对象、职业内容和职业手段与其他职业有什么不同来说明它所具有的特点。

（1）从职业的对象来说，教师职业的对象是活生生的人，不是无生命的物质，是正在成长中的儿童青少年。他们具有主观能动性，而且千差万别，人人不同。社会职业中没有任何职业的对象能像教师职业的这种对象有如此的复杂性。医生的对象也是人，但是它是人得了疾病。而人与人之间的生理解剖是没有什么差别的。教师职业的对象是人的成长，是体力和脑力的发展，是知识的获取，智慧的增长，品德的养成。这个过程每个人是不一样的。教师要把每一个学生培养成才，如果不研究学生的成长规律，不懂得教育的规律，不掌握正确的教育方法，是很难做到的。

（2）从职业的内容和任务来讲，教师的工作不仅要教书，而且要育人。

唐朝教育家韩愈说，教师要“传道、授业、解惑”。今天来说，就是要使学生身心健康得到发展，把他们培养成有理想、有道德、有文化、有纪律的人。教育的内容很丰富，任务很复杂。不是只要有知识就能教好学生，教师不能只是一名教书匠。教师需要有专业知识，而且要有把知识传授给学生，养成学生崇高的思想品德的专业能力。

（3）教师的工作方式也与其他社会职业不同。他不是像其他职业那样要使用什么工具，而是要用教师自己的知识、智慧、人格魅力在和学生共同活动中去影响学生。教师对学生来说是知识的传播者、智慧的启迪者、情操的陶冶者。正是教师职业的这些特点，就要求教师做到“学为人师，行为世范”。教师要时时注意自己的行为能不能成为学生的表率，能不能对学生起积极影响。

3. 教师的职业特点①

（1）工作任务的全面性和艰巨性。教师的劳动不只是“单一”地传授知识，而是要从当今知识爆炸的年代出发，从培养人的目的出发，全面贯彻党和国家的教育方针和政策，不仅教书，而且要育人，使每个学生的身心都能得到全面和谐的发展。这就要求教师不仅要掌握学科教学的知识，以一种恰当的方式传授给学生，而且要了解相关学科的知识和学生的特点以及发展规律，了解不断发展的社会对人的不断发展的要求，并把它贯彻到自己的教学中去。这就决定了教师工作的全面性和艰巨性。教师的工作包括教学工作、班主任工作、科研工作等。教师要做好各方面的工作，必须系统地掌握本学科的和其他相关的举措知识及其最新发展动态，了解学生的特点，钻研和革新教学方法。

（2）工作方式的个体性和独立性。教师也要集体备课、相互学习，但其目的也是要使个人工作任务完成得更好，它不能代替教师个人的独立工作。学校的各科教学活动主要是通过一个个教师的个人工作来独立完成，每个教师的工作方式都各有其特点。教师虽然有固定的工作时间、工作任务和教学内容，但是每个教师的备课质量和教学效果在很大程度上取决于教师自己的自我要求、自我监督和创造性。教师的工作主要是脑力劳动，包括精神财富的占有和输出，这些都是由教师本人来完成的，带有明显的个体特点和独立性。

（3）工作对象的主体性、多样性和发展性。教师的工作对象是学生群体，

① http：//wenku. baidu. com/view/1d42d7b9fd0a79563c1e7286. html.

每个学生都是有主体意识的个体，每个学生在身体、心理、智力水平和思维方式等方面都有自己的特点，每个学生可能获得的发展需要和发展潜力都有所不同，每个学生可能获得的发展也会不同。教师的工作必须针对这些不同有的放矢。教师的工作对象既不是没有生命的自然材料，也不是一般的有生命的动物，而是一群有思想、意志、情感和性格的不断发展变化的活生生的人。他们之间存在着诸多方面的差别，每个人都是独特的个体，而且正处于多变化的阶段，又都具有主观能动性，有主体存在，并要求得到别人承认的强烈愿望。一方面，在教育过程中，只有与作为受教育者的学生的活力配合默契时，才能真正实现其教育目的；另一方面，学生还要以其思想、知识和人格作用于教师，即所谓“教学相长”。这就要求教师在教育活动中要随时了解不同学生的发展特点和规律，充分发挥学生的主观能动性，并且注意随时调整自己的教育方式，做到因材施教、因时施教。

（4）工作的长期性和复杂性。教师的工作过程是学生的学习和发展过程，而学生的学习和发展过程是一个在错综复杂的环境中不断转化、渐进的长期的复杂的过程。常言道：“十年树木，百年树人。”培养人的教育活动是一个比较漫长的过程，一个学生从进入学校到接受教育到走出校门走上工作岗位，要经过十几年的时间。所以，教师的工作周期比较长。另外，教师既要教书，又要育人，要把一定的科学知识教给学生，并且转化为学生的思想品德和品格，而且要排除多种因素的干扰，需要经历一个极其复杂多变的过程，同时社会在不断发展，知识在不断更新，社会对人的要求在不断变化，作为受教育的学生也在不断变化，这一切决定了教师工作过程的复杂性。

（5）工作价值的迟效性和间接性。教师的工作价值就是学生的发展和对社会的贡献，这不像直接地创造物质财富的工作那样可以立竿见影。教师工作的价值最终转化为学生身心素质的全面、和谐发展，但这种转化不能立刻显现出来，也不能直接显现出来。在学生未走向社会服务之前，教师工作的价值处在一种潜在状态，只有当学生走向社会、服务社会时，教师的价值才会显现出来，而且是通过学生的能力和创造性间接地表现出来的。

（6）工作成果的集成性和社会性。教师工作的成果是指学生的健康成长和全方位的发展。每个学生的成长和发展都是不同教师共同努力、相互配合的结果，而且都需要在班级集体中形成。教师工作成果的社会性主要体现在：教师工作成果的要求是由社会决定的；教师的工作成果的出发点总是引导学生服务社会；教师工作成果的优劣最终取决于学生在社会中的表现。

总之，教师职业具有工作对象的特殊性和多变性、学生成长的导向性和示范性、工作内容的超前性和创造性、教师职业的崇高性和不可替代性等特点，这就决定了教师必须具有热爱教育事业、热爱学生、为人师表、学而不厌、勇于进取等高尚的职业道德。因此，形成正确的师德观，进行科学的师德评价，规范良好的师德行为，对加强教师职业道德建设具有重要的意义。

（二）教师职业道德的内涵

师德是一种职业道德，它是教师和一切教育工作者在从事教育活动中必须遵守的道德规范和行为准则，以及与之相适应的道德观念、情操和品质。我们所认为的教师的道德素质并不是指规范、准则本身，而是教师把这些规范、准则逐步内化，成为教师从事教育事业的准则。教师所从事的职业是教育人、塑造人的事业，因此，教师道德素质比教师文化素质更为重要。而教师道德是教师的灵魂，也就是我们通常所说的“师魂”。

为全面提高中小学教师队伍的师德素质和专业水平，在广泛征求意见的基础上，教育部和中国科教文卫体工会全国委员会于2008年对1997年的《中小学教师职业道德规范》（以下简称《规范》）进行了修订。新修订的《规范》有6条，分别为爱国守法、爱岗敬业、关爱学生、教书育人、为人师表和终身学习。《规范》提出了教师要维护学生权益，不讽刺、挖苦、歧视学生；不以分数作为评价学生的唯一标准；自觉抵制有偿家教；树立终身学习理念等内容。《规范》全文如下：

《中小学教师职业道德规范》

（2008年修订）

一、爱国守法。热爱祖国，热爱人民，拥护中国共产党领导，拥护社会主义。全面贯彻国家教育方针，自觉遵守教育法律法规，依法履行教师职责权利。不得有违背党和国家方针政策的言行。

二、爱岗敬业。忠诚于人民教育事业，志存高远，勤恳敬业，甘为人梯，乐于奉献。对工作高度负责，认真备课上课，认真批改作业，认真辅导学生。

不得敷衍塞责。

三、关爱学生。关心爱护全体学生，尊重学生人格，平等公正对待学生。对学生严慈相济，做学生良师益友。保护学生安全，关心学生健康，维护学生权益。不讽刺、挖苦、歧视学生，不体罚或变相体罚学生。

四、教书育人。遵循教育规律，实施素质教育。循循善诱，诲人不倦，因材施教。培养学生良好品行，激发学生创新精神，促进学生全面发展。不以分数作为评价学生的唯一标准。

五、为人师表。坚守高尚情操，知荣明耻，严于律己，以身作则。衣着得体，语言规范，举止文明。关心集体，团结协作，尊重同事，尊重家长。作风正派，廉洁奉公。自觉抵制有偿家教，不利用职务之便谋取私利。

六、终身学习。崇尚科学精神，树立终身学习理念，拓宽知识视野，更新知识结构。潜心钻研业务，勇于探索创新，不断提高专业素养和教育教学水平。

《规范》的基本内容继承了我国的优秀师德传统，并充分反映了新形势下经济、社会和教育发展对中小学教师应有的道德品质和职业行为的基本要求。《规范》对教师的职业道德起指导作用，是调节教师与学生、教师与学校、教师与国家、教师与社会相互关系的基本行为准则。《规范》不是对教师的全部道德行为和教育教学工作的要求，不能取代学校的其他各项规章制度。《规范》的许多内容是《中华人民共和国教师法》（以下简称《教师法》）相关条文的具体化。但《规范》不是强制性的法律，而是教师行业性的纪律，是倡导性的要求，同时具有广泛性、针对性和现实性。如新《规范》中写入了“保护学生安全”，这是由中小学教师职业特点所决定的。中小学教师面对的是自我保护能力弱的儿童和少年。对于未成年人群体，教师应当负有保护的必要责任。《教师法》在教师义务有关条款中规定：关心爱护全体学生，制止有害于学生的行为或者其他侵犯学生合法权益的行为。“保护学生安全”是教师职责和义务的应有之义。对此，世界各国也有类似规定。但“保护学生安全”也并不意味着教师承担无限责任，需要根据具体情境和实际情况，依法做出具体界定。

《规范》中的禁行性规定，是针对当前教师职业行为中存在的共性问题和突出问题，也是社会反映比较集中的问题而提出的，如“不以分数作为评价学生的唯一标准”“自觉抵制有偿家教”等，但禁行性规定也并非包括了教师职业行为中存在的所有问题。一个阶段提出一些阶段性的、可操作的、具体化的要求，能够使学校和教师在教育教学过程中，明确要求，有规可依，有章可循，规范教师职业行为，不断提高师德水平。可见，此次新修订《规范》力图体现以下原则：

一是坚持“以人为本”。在新《规范》中充分体现“教育以育人为本，以学生为主体”“办学以人才为本，以教师为主体”的理念，强调尊重教师，强调教师责任与权利的统一，充分调动广大教师的主动性、积极性和创造性。

二是坚持继承与创新相结合。此次修订工作认真总结了原《规范》执行以来的基本经验，汲取了原《规范》中反映教师职业道德本质的基本要求，又充分考虑经济、社会和教育发展对师德提出的新要求，将优秀师德传统与时代要求有机结合。

三是坚持广泛性与先进性相结合。《规范》修订从教师队伍现状和实际出发，面向全体教师，对教师职业道德提出了基本要求，使之成为每位教师自觉遵守的行为准则。同时，又提出了体现时代精神的新的倡导性要求。

四是倡导性要求与禁行性规定相结合。从教师职业道德的阶段性特征出发，针对当前师德建设中的共性问题和突出问题，在广泛征求意见的基础上，作出了若干禁行性规定。《规范》提出的要求尽量体现针对性和可操作性。

五是他律与自律相结合。教师职业道德建设重“他律”、贵“自律”。新《规范》在注重“他律”的同时，强调“自律”，倡导广大教师自觉践行师德规范，把规范要求内化为自觉行为。从“他律”走向“自律”是师德建设的最终目的。

师德是教师人格特征的直接体现。在教育中，一切师德要求都基于教师的人格，因为师德的魅力主要从人格特征中显示出来，历代的教育家提出的“为人师表”“以身作则”“循循善诱”“诲人不倦”“躬行实践”等，既是师德的规范，又是教师良好人格的品格特征的体现。在学生心目中，教师是社会的规范、道德的化身、人类的楷模、父母的替身。他们都把师德高尚的教师作为学习的榜样，模仿其态度、情趣品行乃至行为举止、板书笔迹等。而师爱则是师德的灵魂。教师对学生的爱，简称为“师爱”，是师德的核心，即“师魂”。在一定程度上，热爱学生就是热爱教育事业。热爱学生并不是一件容易的事，让学生体会到教师的爱就更困难了。教师对学生的爱在性质上是一种只讲付出不计回报的、无私的、广泛的且没有血缘关系的爱，在原则上是一种严慈相济的爱。这种爱是神圣的。这种爱是教师教育学生的感情基础，学生一旦体会到这种感情，就会“亲其师”，从而“信其道”，也正是在这个过程中，教育实现了其根本的功能。因此，师爱就是师魂。

学高为师，身正为范，是每一位教师的座右铭。作为新世纪的教师，不仅要有学富五车的知识，更要有敬业的精神、博爱的思想、创新的意识、诲人不倦的品格，才能成为一名合格的教师。教师师德的自觉性，是教育行风的建设的关键，让我们共同努力，一起成为一个口碑良好的教师，为天底下最灿烂的工作而献身。

（三）教师职业道德的特点及其基本原则

教师职业道德指教师在自己的职业生活中，调节和处理与他人、社会、集体、职业工作等关系时所遵守的行为规范和准则，以及在此基础上表现出来的观念意识和行为品质。由于所在岗位的特殊性，教师职业道德行为相对于其他职业显得更直观、更具体、更全面、更高尚。加强教师职业道德教育，提高教师道德素质水准，不仅是教师队伍建设的一项基本任务，也是加强教师思想政治工作的一项基本内容，更是社会主义精神文明建设的一个重要组成部分。

1. 教师职业道德的特点

（1）师德境界高。教师劳动的对象是正在成长着的一代新人，这一特点决定着教师应具有崇高的精神境界和高尚的道德品质。教师不仅教书，更以自己的职业良心和良好的德行习惯对学习者进行思想品德和人格的教育和影响，体现教书育人要求的一致性。要使学习者形成高尚的道德品质和良好的人格，教师首先要有高水准的师德意识、更高尚的道德境界、更纯洁美好的心灵。

（2）师德示范性强。教师职业道德不仅是教师自身行为的规范，而且还是作用于学习者的教育手段，发挥着“以身立教”的作用。教师除了以自己的业务专长影响学生，自身的品德、个性、行为更是重要的教育手段。特别对于中小学教师，他们面对的青少年学生正值世界观、人生观、道德品质和人格形成的关键时期，具有向师性和模仿性强、可塑性大的特点，易于受到成人和外界环境的影响，特别是来自成人权威——教师的影响。因此，就需要教师的道德行为具有更强的表率和典范作用，即使教师成为学生心目中的楷模。

（3）师德内容全面。在古今教育发展的长河中，教师职业道德越来越丰富，涉及了教师职业劳动的所有领域，充分体现了教师职业道德内容的全面性。在教师劳动价值上，它向人们揭示了教师所从事的是人类的伟大事业，是社会物质文明、精神文明、制度文明发展的必需；在教师职业社会地位上，它肯定了教师职业的崇高性，把教师视为联系历史和未来的一个活的环节，是太阳底下最神圣的职业；在教师职业职责上，它强调教书育人是根本；在教师态度和情感上，它提倡爱岗敬业，以育人为乐；在教师形象上，它要求以身作则，为人师表；在教师职业行为品质上，它要求尊重信任学生，关心爱护学生，要学而不厌，诲人不倦，关心集体，善于协作，要民主、平等、公正自律；在教师职业情操上，它提倡严于律己，宽以待人，廉洁从教，不慕虚荣；在教师职业业务上，它提倡不断学习、刻苦钻研、不敷衍塞责，要求严谨治学、精益求精、尽心指导、循循善诱……总之，教师职业道德充分体现了教师这一行业特有的教师职业理想、职业态度、职业职责、职业品格、职业规范、职业良心、职业信念、职业作风、职业荣誉、职业情操等。

（4）师德影响广泛深远。教师的职业道德不仅影响学生的现在，而且影响着学生的未来，甚至一生，关系着学生一生的发展，关系着国家的未来和社会的发展。所以，很多钦佩教师给自己带来终身教诲的学生在毕业离校多年之后，仍然盛赞自己老师的美德。比如，毛泽东在给他的老师徐特立先生的信中就说到这样一段感人的话："你是我二十年前的老师，你现在仍然是我的老师，你将来必定还是我的老师。"反之，一个缺乏职业道德素质的教师给社会和他人造成的损失是无法挽回的。英国哲学家洛克对此曾经指出："教育上的错误比别的错误更不可轻视。教育上的错误正和配错了药一样，第一次弄错了，决不能错第二次，它们的影响是终生洗刷不掉的。"可见，教师职业道德素质对人、对社会的影响程度非一般职业所能比及。

总之，教师职业具有工作对象的特殊性和多变性、学生成长的导向性和示范性、工作内容的超前性和创造性、教师职业的崇高性和不可替代性等特点，这就决定了教师必须具有热爱教育事业、热爱学生、为人师表、学而不厌、勇于进取等高尚的职业道德。

2. 教师职业道德的原则

教师职业道德的基本原则又称帅德原则，是一定阶级和社会对教师职业道德行为提出的根本要求，是教师在教育活动中处理各种利益关系、调节和评价一切道德行为的根本规则。教师职业道德原则主要包括以下几个方面。

（1）教书育人原则。所谓教书育人，是指传授知识和培养人才相统一。教书育人要求教师在其职业活动中，既要努力教授学生学习科学文化知识，又要培育学生成人成才，要把两者有机地结合起来，更好地实现教育目的。

从教书育人应处理好的基本问题上看，教师应注意以下三个方面：第一，处理好教书与育人的关系。教师要始终明确：育人是目的，是根本，教书是工作形式，是达到育人的经常化手段。两者密切联系，相互促进，但又不能等同。第二，正确理解育人的含义，树立全面的育人意识。这实质上是教育目的的价值取向问题。教书所培养的人，应是一个能在多方面适应社会、推动社会发展的完整的人，即在德、智、体、美、劳等方面和谐发展的人。第三，从多方面着手，更好地实现教书育人。教书育人不仅可以通过课堂教学、课外活动、班级管理等途径，还可以从多方面着手。例如，加强自身修养，提高自身素质；钻研教育规律，科学施教；精通业务，传授透彻；灵活施教，善于启导；以身作则，为人师表；等等。

（2）乐教勤业原则。乐教，就是乐于从事教育事业，以从教为乐，乐此不疲。如孔子执教四十多年，始终诲人不倦，即使困于陈蔡，仍然弦歌不辍。孟子也把“得天下英才而教育之”视为“人生三乐”之一。乐教必须以正确的教育观为前提，以对学生的厚爱为基础。孔子说：“爱之，能勿劳乎？忠焉，能勿诲乎？”（《论语·宪问》）因为热爱教育事业、热爱学生，而不辞劳苦、不惮繁难，这就是乐教勤业的不竭动力。孔子说自己：“其为人也，发愤忘食，乐以忘忧，不知老之将至。”（《论语·述而》）这就是乐教勤业的生动写照。勤业，不仅指勤于教人，而且更要勤于自教，不断钻研教学，不断提高自己的业务能力、教学水平。如孔子就是把“学而不厌”跟“诲人不倦”连在一起说的。因为“学，然后知不足；教，然后知困。知不足然后能自反也，知困然后能自强也，故曰教学相长也”（《礼记·学记》）。真正的乐于教人，总是和自觉的勤学连在一起的。这不仅是职业的需要，也是教师职业道德的表现。

乐教勤业原则要求教师做到两点。第一，热爱教育，乐于从事教育事业。

要不断深化对教育价值的多方面认识，来增强自身的教育责任感；要不断深化教师社会作用的认识，领会自己承前启后、继往开来的崇高使命；要善于从复杂的育人工作中，去体验艰巨劳动的欢乐，强化乐于从教的情感体验；要不断增强热爱学生的社会责任感。第二，勤于功业，勤奋工作。勤业体现着好学上进、主动进取、精益求精的精神。乐教是根本，敬业进取是动力。要勤于学习，不断丰富自己，开阔视野；要勤于钻研，掌握从教规律，要勇于创新；要勤于岗位，精于业务，忠于职守，要认真对待日常工作。

（3）人格示范原则。所谓人格示范，是指教师通过自身高尚的人格力量给学生以良好的榜样示范。人格示范是一种重要的教育力量。乌申斯基认为：固然，许多事有赖于学校的一般规章，但是最重要的东西永远取决于跟学生面对面交往的教师个性（注：指人格），教师的个性对年轻的心灵的影响所形成的那种教育力量，无论是靠教科书、靠道德说教、靠奖惩制度都无法取代的。决定着儿童对教师的进一步关系建立的，还是教师的工作作风和他的人格品质。只有人格才能够影响到人格的发展。

教师良好的人格是一种对学生有着直接影响的教育因素。斯宾塞认为：“野蛮产生野蛮，仁爱产生仁爱，这就是真理。待儿童没有同情，他们就变得没有同情；而以应有的友情对待他们，就是一种培养他们友情的手段。”

研究表明，学生具有强烈地向师性和模仿性。因此，教师的世界观、教师的品行、教师的生活、教师对每一现象的态度都深深影响着全体学生。“染于苍则苍，染于黄则黄”（《墨子·所染》），教师应当给学生树立一个良好的榜样，以自己高尚的人格力量来教育和塑造学生的人格形象。

人格示范原则要求教师做到三点。第一，教育者先受教育。卢梭在《爱弥儿》中写道：“在敢于担当培养一个人的任务以前，自己必须要造就成一个人，自己就必须是一个值得推崇的模范。”“己之才学为人所尊，乃可诲人以进修之要；己之性行为人所重，乃可诲人以操履之详。”因此，教师进行人格示范，必须先具有高尚的人格，加强人格冶炼修养，即加强道德品质的修养。第二，在实践中努力锻炼和形成良好的道德人格，做好人格示范。第三，要有良好的仪态。内心高雅、品质高尚的人，其仪容必然端庄典雅，举止必然文明优雅，态度必然和蔼可亲，必然会深深吸引着学生，使其在不知不觉中接受教师的人格示范。

（四）强化教师职业道德的意义

1. 有利于提高教师专业素质

教育作为培养人的活动，其劳动最具艰巨性和复杂性，同时又要具有创造性，它决定了从事这项劳动需要的教师，不仅要具有多方面的素质，还要不断提高自身多方面的素质。而教师职业道德，不仅是教师专业素质的重要组成部分，而且对教师自身其他素质的提高具有重要制约作用。一般说来，教师职业道德是与教师其他素质发展的高低成正比的。因为，教师职业道德在深层次上内在影响着教师对自身其他素质“愿不愿”“想不想”“自觉不自觉”“主动不主动”提高的问题。良好的教师职业道德内含着爱岗尽责、精益求精、奋发有为等做好教育工作的精神需求，这种需求常常内在地动员和激励教师为胜任工作而进行专业素质的自觉学习和提高。可见，良好的教师职业道德是教师其他专业素质提高的源源不断的精神动力。

2. 有利于强化教师的事业心和责任感

事业心和责任感是影响教师在岗位工作上认真不认真、作为不作为、敬业不敬业的内在根本。有较强事业心和责任感的教师，往往具有“不用挥鞭自奋蹄”的精神，在工作上不仅能全身心投入，而且不敷衍塞责，总是认真严谨，精益求精。一个把事业心和责任感融入自身精神生活的教师，尽职尽责往往会成为他人生品德的重要特点，尽职尽责地工作和生活，他会觉得是精神生活的一种充实。这样的教师，在工作上往往“不因事小而不做”“不因分外而不理”“不因利小而不为”。相反，事业心和责任感乏弱或缺失的教师，难以表现出对职业工作全身心的投入，工作拖沓应付，教学不求甚解，敷衍了事。这样的教师自然做不好教育工作。可见，事业心和责任感是做好教育工作不可缺少的重要基础，强化师德能使教师从中获得对事业心和责任感的理性认识，进而把它融入自己的职业生活，成为自己的职业操守和人生操守。

3. 有利于净化教育行业风气，推动社会精神文明建设

行业风气是行业活动中工作态度、职业信誉、为职作风、人际关系、精神风貌等方面的综合体现，它不仅潜在地影响行业活动的效率质量和精神状态及自身的社会声誉，而且还具有一定的社会感染性，影响社会风气。同时，行业

风气既受自身物质、精神、制度等条件和机制的制约，又受社会风气的影响。教育行业必须要有良好的风气，这不仅是因为它对育人有重要的意义（既是育人不可缺少的重要环境，也是育人不可缺少的重要资源），而且还因为它在社会精神文明建设中具有重要作用（它关系千家万户，关系着青年一代的发展）。而确立和保持良好的教育行风，必须要强化教师职业道德。因为，教师职业道德内含着教育职业文明的价值指向和理性教化，内含着对良好教育行风养成培育的多种因素。另外，从行风的表现特征及构成的主要因素来看，行风问题，说到底就是职业道德的问题，行风好坏的根本在于职业道德的好坏。可见，确立和保持良好的教育行风，如果忽视教师职业道德的强化，就不能在深层上使良好行风获得坚实的基础；对行风中存在的问题，也不能从根本上予以彻底解决。

基于以上分析可以看出，师德的确是为师之本，教师职业就应该具备比其他行业更高的职业道德标准和要求。

二、时代对师德的呼唤

从教师职业产生之日起，千百年来，一代代教师通过传道、授业、解惑，建筑了立志乐道、为人师表、甘于奉献、爱护学生、诲人不倦、无私无隐的崇高师德大厦，也成就了让人仰望的师道尊严。社会发展到今天，百年大计，教育为本，教育大计，教师为本，无论是时代变迁和现代教育发展的需要，还是教师自身专业化的需要，都对师德提出了比以往更高更迫切的要求。那么，今天我们的教师队伍职业道德水平到底如何呢？

（一）教师队伍的道德水平是否岌岌可危

总是有人在指责教师：国家给教师设立了教师节，要求全民尊师重教；政府给教师涨了工资，使教师的合法收入明显增加；老百姓呢，也是一再说再穷不能穷教育……可是教师们对此并不珍惜。师德败坏的闹剧总是在一幕幕上演：教师乱施体罚的报道耳熟能详，教师向学生索要财物的现象在身边信手拈来，教师凭借自身权力强迫学生补课的例子举不胜举……教师，你怎么了？在回答这个问题之前，我们先看一组报道：

☞ **报道1：老师"吃家长"吃掉了什么？**

下午上课前，几位老师喝得醉意蒙眬地来到办公室，昨日是张家长请客，今日又是谁做东？邻近办公室的老师看到后羡慕地说："还是做班主任好，经常有人请吃饭，我们就少多了。"

喝得满脸通红的一位老师却抱怨说："今年不如去年，去年那班，一星期有五六个父母来请；今年这班不行，一周达不到三人。"

一位老师乘着酒劲很坚决地说："管他呢，不怕孩子受委屈就别请！"

现在的家长对孩子的教育比较重视，各项教育投资是越来越多，其中也包括请孩子的老师吃饭。希望通过这种方式和老师拉关系套近乎，以便孩子能得到老师的特殊照顾，比如安排个好的位置、上课多被提问、当班干部、有更多表现的机会，等等。

请客这事的起源看起来似乎是由家长引起，但偏偏有一些老师，家长不请客就不履行职责。谁请客谁的孩子受表扬的机会就越多、受重视的程度就越大。家长不请老师吃饭，他的孩子就要受到冷落，少了许多表现的机会。

请客家长的心态是复杂的，表面恭敬，内心不满。担心孩子受委屈，家长之间互相攀比，请得起要请，请不起也要请。为了孩子，家长请客是不得已而为之。可家长会如何看待这些老师呢？不是恨师入骨，也会鄙视他们没出息。

看起来，老师去"吃家长"，吃去的不仅有师德，还吃掉了人们对教师这份光荣职业的尊敬。

——报道来源：《中国教师报》，2006 年 5 月 29 日。

☞ **报道2**：2010 年 12 月 17 日午休时间，涟水县郑梁梅中学初二（15）班学生张小新和另外两名同班同学在教学楼前玩，突然看见曾经当过自己班主任现任（22）班班主任的英语老师樊某正往教室走去，边走边训一位跟在后面的学生。一名同学指着樊某的背影说："你们敢不敢叫樊老师的名字？"张小新本就调皮："要叫大家一起叫。"于是，他扯开喉咙喊了一声，喊完之后他后悔了，因为一名同学声音很低，另一名同学则根本没出声。樊某转过头寻找声源，张小新等人赶紧溜回教室。下午 1 点 20 分左右，张小新正在上历史课，突然，樊某推开了教室门，对历史老师说："让张小新出来下，我找他有事。"事后张小新对记者说，樊某常常打人，他知道这次自己肯定逃不掉了。

果然，一出教室门，他就挨了樊老师的打。

事后张小新说，自己共遭到三次殴打，前两次打自己的是樊某。第一次在教室外；第二次在樊某的办公室里，当时樊某把自己拉到办公室后，先是扇耳光，然后用脚踢。“她打了我好几分钟，我耳朵嗡嗡嗡响，当时怕死了。”张小新说，樊某动手的时候，自己一边哭一边求饶，“我以后再也不了”，可对方却没有停止的意思。据张小新回忆，当时樊某的办公室里还有另外三名老师，其中一位姓周的老师还是领导，“但樊老师打我的时候，他们没有阻拦，有的老师还在笑”。樊某踢打了一番之后，就坐在椅子上，一边和同事聊天，一边喝水，张小新在办公室里站了一节课。

张小新说，自己被打的第三个地方是在初二（22）班。他被樊某带到自己任教的班级，站上讲台后，樊某连扇了他三个耳光，并对班里的学生说：“他叫张小新，（15）班的，现在你们排好队，上来打他耳光，每人一个。”见学生没有动静，樊某又说：“每个人都要打，必须打出声音来。不打的我打他。”下面的学生便站起来排好队，一个个上去打。张小新想逃，樊某便把他摁在墙上。

据记者了解，（22）班有65名学生。下课之后，记者走进（22）班教室问学生：“上星期五下午，樊老师有没有让你们打张小新？”“打的！”下面异口同声回答。“打的请举手。”哗！很多学生举起了手。

随后，记者又请学生们准备一张小纸条，打过人的就写“有”，没打的就写“无”，还在黑板上留下了自己的电话号码。记者一共收回56张小纸条，有50个学生写“有”。（文中被打学生为化名）

教师曾被人们认为太阳底下最光辉的职业，他肩负着开发民智、为国育人的重要使命。早在古代就有“一日为师，终身为父”的训示，更有“师者，传道、授业、解惑也”的职业操守，可今天，一切的光环都已远去，在很多人眼里，教师几乎已与小丑画上了等号，行为与语言不对等，外表和内心错位：满口无私奉献，实际斤斤计较；外表关爱学生，内心蔑视学生；教给学生一视同仁，私下里把学生划分成三六九等；当面要求学生诚实，背地里自己却无半句实话；批评学生打架骂人，转脸自己就对同事破口大骂……教师，你到底怎么了？

但不可否认，教师总体职业道德较为良好，积极向上，能够做到遵纪守法，爱岗敬业，关心学生，为人师表，终身学习，家长的满意程度高。但正如以上案例一样，少数中小学校教师体罚学生的现象仍在发生，请客送礼拉关系的现象也有。总结目前中小学教师队伍中道德失范的现象，主要集中在以下几个方面。

1. 功利性强，把教师职业当成自己的第二职业，即副业

教师队伍中有不少乐业、敬业的优秀教师，也有为数不少的人或是打着跳槽转行的小算盘，或是干脆就干起了第二职业。因此，那些象牙塔里的教师们，不知从何时开始，已经悄悄迈出象牙塔，将一部分精力参与到社会的生活中去。他们扮演着双重身份，收入直线上升。教师的任务那么重，责任那么大，他们竟然还会优哉游哉、闲哉乐哉地搞教外产业，创收增收，实在是让人匪夷所思！平时的工作敷衍塞责，他们的教学质量是可以想象得到的，但这又能怎么样呢？如他们所言：工作就那样。最苦的是学生啊！他们是最大的受害者，听听他们的声音："老师都很忙，我们自己上了很多自习课。"

2. 片面追求升学率，教育内容严重脱离学生的实际需要

这种情况主要是出现在中小学，尤其是中学。为了所谓的升学率，所谓的名牌大学，学生已经成了学习的机器。教师告诉学生所谓的标准答案，教学生如何拿高分，而不管自己所教的那些内容是否真的对学生有用。

3. 对学生人文关怀不够，甚至体罚学生、不公正对待学生的现象还偶有发生

调查中，通过教师、家长、学生的反映，惩罚手段如侮辱、罚站、罚抄、挖苦等，教师还偶尔会使用，不公平对待学生的现象还部分存在。在个别访谈中，有学校的领导认为现在唯一担心的是教师在抓学生学习成绩的时候不顾学生的心理和年龄特点，从而出现一些极端或者变相违反教师职业道德规范的行为或者现象。虐童事件时有发生。

4. 职业倦怠现象困扰部分教师

目前部分教师中存在着消极应教的现象，安于现状，不思进取，对教学内容、教学方法、教育创新缺乏探索研究；对工作没热情，对学生不关心，上课迟到早退，更为严重的是，有的教师把大量精力用于社会兼职及一些商业性活动。

5. 只教书不育人

教师不仅要加强对学生的文化知识教育，而且要帮助学生树立正确的世界观、人生观和价值观。然而在教学实践中，一些教师只管教书本知识，不管学生品行；只管教学过程，不管教学结果；只注意成绩好的学生，对学困生漠然置之。甚至有的教师将一些消极的、不健康的言论带进教室，不注意自己言论的导向性。

6. 不重身教

俗话说，正人先正己，教师要纠正学生中不符合道德规范的言行，以及教育他们进入社会后怎样做一个有职业道德的人。因此，教师必须注意加强自己的道德修养，严格规范自己的行为，用自己高尚的道德情操去教育感染学生，为学生做出表率。然而一些教师为人师表意识淡薄，缺乏自尊自爱意识。如有的教师上课自由散漫，抽烟、接听拨打手机，仪表不整、着装不严肃，举止粗俗等；有的教师因为一些小事会在校园里与领导、同事大吵大闹，甚至有的教师在工作日里大量饮酒，满身酒气，上课失态。

7. 价值取向滑坡

“人类灵魂的工程师”“燃烧着的蜡烛”等称号，是社会对教师职业的高度评价。然而，少数教师在商品大潮的冲击下，模糊了自己的道德责任，在义、利面前丧失立场，在工作中讨价还价，斤斤计较。一些不良的社会风气正在部分教师中蔓延，如频繁参与赌博，工作时间暗赌，非工作时间明赌，社会影响恶劣；利用教学之便收受家长财物，接受家长吃请；按成绩的好坏或与学生关系的亲疏编排座位；巧立名目对学生乱罚款、乱收费，甚至违规违法举办课外辅导班、收取课辅回扣等。

（二）是谁动了教师职业的道德

当前中小学教师职业道德失范的原因是多方面的，概括来讲，有社会因素、学生和家长、教育主管部门和学校以及教师自身等多方面。而且，这诸多原因互相交织，相互影响，形成一股合力作用于教师，阻碍着师德正面力量的发挥。

1. 来自社会环境的影响

近些年，我国社会主义市场经济体制处于逐步建立的过程之中，市场机制还不健全，难以形成对我国经济生活的有效约束机制，因此，不可避免地引发一些社会矛盾、利益冲突和社会不公正现象；加之西方的价值观、道德观蜂拥而至，贫富差距、腐败现象、拜金主义、个人主义、利己主义、本位主义、享乐主义、奢侈的生活方式等不断冲击传统价值观，形成了各种价值观、道德观相互交错、相互冲突的局面，进而引发人们深层的道德观问题，导致人们价值观多元化、思想复杂化，甚至道德水平滑坡。社会上拜金风气如此盛行：为了获取金钱，人们往往不惜一切代价，为了钱可以放弃健康、名誉、生命……人与人之间的交往，也都染上了铜臭味，有时甚至包括亲情、爱情；对权力的崇拜更是无以复加，可以说是顺我者昌，逆我者亡，几乎所有人都拜倒在权力的魔杖下，买官卖官现象较多，投机钻营无处不闻。各行各业，无不凭借自身的垄断性资源寻求利益，设关做卡，巧立名目，吃拿卡要，还要寻找种种冠冕堂皇的理由来愚弄百姓……在这样的社会背景下，想叫教师洁身自爱，怎么可能呢？这些负面影响势必波及部分教师，引发他们对传统师德的认同度降低，甚至有人把等价交换原则不适当地运用到教育教学工作中，产生“钱多多干，钱少少干，没钱不干”的单纯雇用思想。更有极少数教师，不顾职业道德，甚至不顾个人的自尊与人格，做了一些与教师的身份地位极不相称的事情。《班主任之友》曾经刊登了一位署名筱克的文章，他将当时部分中小学教师素质低劣概括为十句话：“人心思变跳槽忙，热心家教为孔方，以教为媒做交易，体罚学生没商量，学有所厌底子薄，校园造假施伎俩，应试教育酿苦果，学生代劳隐患多，言行出格难为师，健康状况令人忧。”尽管时间已过去十几年，恐怕文中所言现象在当前中小学教师中还具有一定普遍性。师德水平不高，很大程度上受到社会消极价值观、道德观的影响。

再者，虽然我国自古就有“贵师重傅”（《荀子·大略》）的传统，但这只是一种规范的理想，或者说是传统背景下教师的一厢情愿。中国传统社会是一种“身份社会”，官本位思想在人们头脑中根深蒂固。“身份”被赋予了尊卑的意义，而职业的真正意义则消解殆尽。这种“轻师”的思想一直延续到今天，特别是在农村，“家有隔夜粮，不当孩子王”的观念在农村还有很大市场。同时，中小学尤其是农村中小学教师地位低、晋职难、工作条件苦是不争的事实。现实使不少教师感到迷惑，如《教师法》《中华人民共和国教育法》（以下简称《教育法》）等法律都对教师的合法权益有所规定，但在农村中小学，教师们没有著书、发明专利的机会和条件，没有科研资助，教师的报酬、进修、退休等利益得不到专门的组织和法律保护，不能享受到同当地国家公务员同等的医疗、保险待遇，甚至被侮辱、殴打，以致伤害人命的案件仍在不断发生。职称评定过程中的“锅底效应”使得大部分基层中小学教师到退休连高级职称都评不上，这在其他相近行业中是十分罕见的。另外，学校是传递人类文化的场所，需要相应的物质条件保障，包括充裕的校舍、优美的校园环境，在信息化时代，还要有一定数量的图书、资料、仪器、设备，否则，师生的工作、学习、生活难免单调，更直接影响到教育教学质量。但从目前情况看，一些农村中小学校舍破旧不堪，理化生课缺少实验器材与药品，音乐课没有一件像样的乐器，体育课只能跑跑跳跳，更不必说幻灯、投影、计算机等电化教育设备了，绝大多数学校不具备教师学习的图书室（馆），教师的正常教学与自修深造均受到严重影响。试想这样的工作环境和条件，难免引发教师对职业的不满与困扰，影响到师德水平的提高。

三尺讲台，爱你辛苦舍你难
——走近农村贫困地区教师

在四川的大巴山深处，有个地方叫空山，红四方面军进川后的第一个胜仗就在这里打响。几十年过去了，李先念等红军领导同志的拴马桩还在，那些见证了空山战役的大山和森林还在，只是在空山学校读书的孩子们换了一茬又一茬。孩子们总有书读，是因为学校总有教师在。

几个年轻的教师：杨州、宋伶俐、张丽、吴波、赵敏，他们中有空山本地人，也有外乡人。他们大多数是去年才到空山的，好几个人“做梦都没想到会到空山教书”。

张丽至今还记得秋天上来时的情景：萧条、狭窄、泥泞……第一次给家里打电话，拿起电话就哭了。还有一次回家，连换了几次车，甚至坐了拖拉机。

吴波在几个年轻人中稍显老成。中专毕业的他，参加自考读了西南财大的会计专业，毕业后又在城里的私立学校干过。有了这样的对比，他的言谈中流露出更多的忧虑：“买教学资料难。外面搞课改，初一、初二早用上新教材了，我们用的还是老本子，真不知该怎么搞！”

“有机会，我也许会走。至少到一个可以照顾父母的地方。”张丽说。

“我想干点成绩再说，年轻人应该在艰苦的地方锻炼。”赵敏说。

“在全县海拔最高的地方教书，肯定难，但也是一种缘分。”杨州说。

他们的答案很凌乱，并非统一的“留不住”，或是“不想走”。

留下来，不是为了牺牲奉献；想要走，也并非怕吃苦……空山的教师们用真诚诠释了贫困地区教师的真实心态。

像空山这样条件的学校在我国还非常多，特别是在边远的农村地区。当前一个非常严峻而普遍的问题是薄弱学校的骨干教师大量流失。2007 年 4 月 11 日《西宁晚报》刊登了一篇文章《6 年流失 20 名骨干教师，薄弱学校怎能不越来越弱?》，介绍了西宁市某边远薄弱中学自 2000 年至 2006 年先后已有 20 多名骨干教师申请调动到市内各学校去了，学校福利待遇差、对学生缺乏号召力、地处偏远无法照顾家庭是教师们选择调离的几大主因。

2. 来自教育环境的影响

教师的职业道德养成由道德认知、道德情感、道德意志和道德行为构成，是一个需要教育、引导、监督、践行的过程，特别是在当前社会环境有诸多负面影响的前提下，加强对教师的职业道德教育尤为重要。但当前的实际情况是，无论职前培养还是职后培训，都对加强师德教育比较忽视。在师范院校，开设教师职业道德教育课程或教师伦理学课程的寥寥无几，组织学生深入中小学开展实践活动，使其更多了解我国基础教育发展现状与前景的活动少之又少。在部分中小学，一方面，在应试教育残余体制的影响下，当前评价教师往往从其教学成绩（其实就是学生分数）出发，注重教师业务水平特别是教学能力的提高，忽视教师道德素质的考核，轻视师德的训练和培养。这种片面的考核评价机制，使不少教师难以在教学工作中找到实现人生价值的满足感，难以把自己的日常工作和崇高的教育事业以及责任、使命等联系在一起，甚至有的教师认为只要自己所教学科考试成绩好，别的都可以不论，导致了教师“重智不重德，教书不育人，片面追求学生成绩”的不良现象，忽视自身思想道德素质的养成，甚至做出背离师德标准的事情。另一方面，当前中小学没有真正建立起科学的师德评估体系，师德建设基本停留在教师的自觉自律上。即使有评估，往往软性指标多，可操作性不强，同时也缺少有效的监督评估机制，致使不能有效地监督、约束教师的日常教育教学行为，教师只要没有违法乱纪或明显违规也就无碍大事，致使教师职业的责任减弱、教师职业的荣誉淡化。

3. 来自学生及其家长的影响

在当前价值观混乱、文化环境不良、不正之风及腐败现象的消极影响下，使得一些知识经验不足、是非判断能力水平低的青少年儿童在思想、观念、道德等方面存在正确与错误并存，是非界限不清，思想倾向不鲜明，有的甚至颠倒黑白，价值观、人生观发生逆转，容易产生怀疑和逆反心理，认为学校教育是假的、空的，或高不可攀，或远水解不了近渴，影响了学校教育和教师在学生心目中的权威性。加之一些学生家长对孩子的教育不讲究方式、方法，一味娇惯纵容，造成孩子没有远大的理想，没有吃苦耐劳的精神，不能勤奋刻苦地学习等，使孩子形成一些不良的行为习惯和畸形的思想性格。教师在进行教育教学的过程中，有时候并不能得到家长的理解和支持，也得不到学生的理解和配合，甚至遭到误解和打击报复。久而久之，有些教师抱着多一事不如少一事的思想，对部分学生采取了一些与师德规范不相符的态度和做法。

4. 来自教师自身素质的影响

首先是部分教师受到几千年来传统教育观念的影响，他们认为学生就是要无条件地接受教师的指令，一味地发号施令，搞强权和专制。学生如有不对，教师便横加斥责，冷嘲热讽。他们忽略了自己的工作对象是有思想、有自尊、有情感的人，没有把学生看作责权的统一体，口头上尊重，实际上仍然以“管、卡、撸、压”的“高压政策”为主要教育手段，认为只有这样才能把学生管住，使学生服服帖帖。这种做法恰恰使正处在思维活跃，身心发展较快，追求独立时期的学生受到伤害。

其次是在市场经济的负面影响下，一些教师没有树立正确的人生观、价值观，功利主义思想严重，过分追求名利，自我要求不严与期望值偏低。有人甚至根本不具备教师资格，教育工作是不得已而为之，仅把“教书”作为一种谋生的手段，不安心工作，得过且过，牢骚满腹，一心希望有机会脱离教师岗位，另谋职业。这些人不注意加强自身职业道德的修养，其职业道德素质只能是继续下滑。

还有，目前各学段的教师普遍感觉工作繁重，心理压力加大。除了正常的教学外，各级各部门的检查、考评、验收等使教师难以应付，花费了大量时间和精力。满负荷的工作，强大的工作压力，两点一线、日复一日的简单枯燥生活，再加上教师的社会地位、物质待遇又“不尽如人意”，教师内心常感到压抑、焦躁或苦闷，从而削弱了对教育工作的主动性和积极性，出现职业倦怠感。原本具有挑战性的教学工作变得机械、沉闷、枯燥和程序化，缺少生机和乐趣，而且在教学活动中也不愿对学生进行学术方面的引导和对其求知欲的刺激。具有倦怠感的教师在科研工作中缺乏创新精神，经常“知难而退”，而且责任心下降，对工作敷衍塞责，这也是造成师德缺损的原因之一。

最后，有的教师人格不完善，缺乏健康的心理素质。比如，有的教师情绪波动大，工作热情和对学生的态度随自己的情绪变动而变化；有的教师面对来自社会、家庭、工作等方面的压力，容易产生急躁、粗暴情绪；有的教师心胸狭窄，处理不好家庭关系、同事关系、与领导的关系、与学生的关系，因此容易动怒。这几种不健康的情绪，都影响着教师职业道德水平的提高。

总之，我们不能否认，有些教师本来人品就有问题，如果他们不是教师，而是工作在其他行业的话，可能会更加不堪。教师这个行业本来就没什么油水可捞，他们想尽办法只可能在学生身上榨些油水。绝大多数教师，都会考虑到自己在学生心目中的形象，从而有所顾忌，教师这两个字多多少少还能对身在其中者有一些约束，所以教师中不顾廉耻者毕竟是少数。更何况，不少教师还是能够耐得住清贫与寂寞，用行动来演绎为人师表的。

三、师德的底线是什么

师德到底有没有底线？这是一个见仁见智的问题。师德当然应该有底线，师德底线对于提升教师素质、规范教师行为、保障学生权益、促进教育事业健康发展至关重要，是教育中不可或缺的。然而，师德底线好说却并不好划——在现实中，这条线该是条什么线？该怎样划才能看得见摸得着？才能公平公正？才能产生制约力和震慑力？原则来讲，2008 年 9 月教育部颁布的《规范》就是中小学教师职业道德的底线，因为师德规范是每个从事教师职业的人都必须遵守的行为准则，如果违背，就等于不符合教师职业要求，是不合格的教师。那么，我们有必要对这个底线有进一步的了解。

改革开放以来，我国先后于1985年、1991年、1997年、2008年四次颁布和修改了《规范》，在各个不同历史时期对中小学教师职业道德的发展起了积极的推动作用。其中，1997年由国家教委和全国教育工会联合印发的《规范》内容包括“依法执教，爱岗敬业，热爱学生，严谨治学，团结协作，尊重家长，廉洁从教，为人师表”共8条。最后一次颁布和修改《规范》距1997年相距11年，原《规范》条款中许多内容不能满足新时代要求，需要加以改进和完善。正如教育部师范教育司原副司长宋永刚2008年9月3日表示的，社会经济的发展对教育提出了新的要求，教育的改革与发展和素质教育的实施也对教师提出了新的要求，特别是对教师做人和师德素质的内在要求很高。因此，教师不能仅仅是“传道、授业、解惑”的“师者”，还需是“终身学习”的“学者”，新《规范》的修订对教师职业本身提出了与时俱进的要求。与1997年《规范》相比，2008年新《规范》虽在条目的数量上有所减少，但在具体内容上得到了充实，很多提法与新时期的教育改革、教育形势、时代背景紧密结合，对师德提出了更高、更全面的要求。

爱国守法是教师职业的基本要求。热爱祖国是每个公民，也是每个教师的神圣职责和义务。要实现建设社会主义法治国家的目标，需要每个社会成员知法守法，用法律来规范自己的行为，不做法律禁止的事情。

爱岗敬业是教师职业的本质要求。没有责任就办不好教育，没有感情就做不好教育工作。教师要始终牢记自己的神圣职责，志存高远，把个人的成长进步同社会主义伟大事业、同祖国的繁荣富强紧密联系在一起，并在深刻的社会变革和丰富的教育实践中履行自己的光荣职责。

关爱学生是师德的灵魂。没有爱就没有教育。教师必须关心爱护全体学生，尊重学生人格，平等公正对待学生。对学生严慈相济，做学生的良师益友。保护学生安全，关心学生健康，维护学生权益。

教书育人是教师的天职。教师必须遵循教育规律，实施素质教育。循循善诱，诲人不倦，因材施教。培养学生良好品行，激发学生创新精神，促进学生全面发展。

为人师表是教师职业的内在要求。“为人师表”对教师工作具有特殊重要的意义。教师要坚守高尚情操，知荣明耻，严于律己，以身作则，在各个方面率先垂范，做学生的榜样，以自己的人格魅力和学识魅力教育影响学生。要关心集体，团结协作，尊重同事，尊重家长。作风正派，廉洁奉公。

终身学习是教师专业发展不竭的动力。终身学习是时代发展的要求，也是教师职业特点所决定的。教师必须树立终身学习理念，拓宽知识视野，更新知识结构。潜心钻研业务，勇于探索创新，不断提高专业素养和教育教学水平。

四、确定“师德底线”的依据

（一）师德底线应该是一条有全面科学标准的线

师德涉及教学、生活的方方面面，因而，师德底线也应该在很多环节都有具体的标准，比如，教师从事有偿家教或者体罚学生、增加课业负担到何种程度算逾越底线？教师的其他言行，哪些是逾越底线的？有了全面科学的师德底线标准，教师才可以积极遵循，教育部门才可以有效操作。但制定标准有一定的复杂性，并非易事，教育部门需要做大量的工作。有必要强调的是，对于法律中已经划定的底线，比如对性侵幼女、猥亵幼女、暴力伤害学生、语言侮辱学生等，法律大都规定了刑事责任或行政处罚责任，师德底线无须再重复，对于规章制度已经有统一明确要求的，也无须再重复。教育部门只需对师德底线的空白环节进行设定，对模糊不清、分散的师德底线标准进行梳理、整合、明确，对缺乏制约惩戒措施的师德底线标准进行强化。

（二）师德底线应该是一条日常监管线

师德底线所支撑的评价监督机制应该能够在日常及时捕捉到教师涉嫌逾越底线或有逾越底线倾向、苗头的信息，并发出警示，给出正确的处置措施或预防措施，从而把教师逾越底线的风险控制到最低，把教师逾越底线的危害控制到最轻。这个监督机制不能是事后诸葛亮，不能总是拍“死苍蝇”，不能总是等到教师的问题已经很严重，已经酿成大错，甚至触犯了法律，才做出反应。这样的事后反应虽然也有一定的亡羊补牢作用，但很多伤害已经难以挽回。

（三）师德底线应该是一条有公平考核机制的线

师德考核由谁说了算？是校长、学生、家长还是其他教师或教育部门？该怎样考核师德？是用硬考核——看教师有无逾越底线行为，有则一票否决，无则过关？还是用软考核——由相关人士投票、打分、评估？是否还应该有调查、质证、被指逾越底线的教师的权利救济等程序？师德考核的公平性决定着师德底线的公信力，教育部门必须要进行科学的考量和设计。

（四）师德底线应该是一条带电的高压线

师德底线标准应该被不折不扣地执行，哪个教师逾越了师德底线，就必须被追究相应的责任，甚至被清理出教师队伍。这样，师德底线才能真正成为令教师敬畏的“红线”。

（五）师德底线应该是符合法治要求的线

教育部门划定底线不能违背法律，不能给逾越底线的教师设定于法无据或违背法律的问责方式，不能侵犯教师的合法权益。①

请思考

1. 您认为教师职业道德水平必须高于其他行业吗？理由是什么？
2. 教师职业道德的特点及基本原则有哪些？
3. 强化教师职业道德的意义何在？
4. 您认为当前教师职业道德是否岌岌可危？请阐述您的理由。
5. 您怎样理解师德的底线？
6. 运用所学理论结合教育实际，分析下面事件。

为何教师参与高考作弊案频频发生

《新华网—焦点网谈》报道：2004 年高考前，濮阳县第三中学田春山等 7 名教师商议后，让单纯要求监考教师提供“宽松”作弊环境的考生每场缴纳 600 元钱，要求监考教师传送答案的考生每场缴纳 1200 元钱，又以每场 200 元至 400 元不等的好处费为报酬，分别联系了外校近百名监考老师，为 103 名考

① 李英锋．师德“红线”究竟是一条什么线［N］．扬子晚报，2013－06－16．

生提供了不同程度的“宽松”的考试环境；此外，他们还组织人员窃取部分试题，组织任教老师参与答题。6月8日下午综合考试时，他们联合一名考生李某，由李某用数码相机偷拍部分试题后，假装肚子疼，利用去医务室的时间把试题带出考场，交给事先联系好的专门做题的该校教师，再将答案与他人交换得到其他试题答案，用手机发短信息或直接打电话的方式将答案发送给有作弊要求并交过钱的考生，酿成了轰动一时的濮阳高考舞弊案。

《新闻晨报》2005年6月28日报道：2005年贵州省纳雍县发生高考集体作弊案，涉案人员达18人，其中有6名教师。

《四川在线—天府早报》2008年6月14日报道：四川耒阳高考作弊利用发射台传答案，其中有老师参与。

《太原晚报》2010年7月7日报道太原高考作弊案，其中有数名教师参与。

不仅是高考，包括各种成教考试、英语四六级考试，甚至是期中期末考试，教师参与各种考试作弊的案件频频曝光。难怪有人说：现在的老师变了，不再为人师表了。

第二章

爱国守法——教师职业的基本要求

热爱祖国，这是一种最纯洁、最敏锐、最高尚、最强烈、最温柔、最有情、最温存、最严酷的感情。一个真正热爱祖国的人，在各个方面都是一个真正的人。

——苏霍姆林斯基

教师是一个有知识、有先进文化素养的施教群体。我们要教育好我们的学生应该如何爱国、怎样守法，我们教师自身首先应该做到。倘若一个教师从骨子里就不爱国，那么他（她）的所谓“教育”就失去了目的性和方向感，必然会在人们的谴责中遁形逃窜，遭遇到“过街老鼠”般的待遇。建设社会主义法治国家，是我国现代化建设的重要目标。要实现这一目标，需要每个社会成员知法守法，用法律来规范自己的行为，不做法律禁止的事情。如果一位教师不守法，那么他（她）的所谓“教学”就丧失了德育价值和知识价值，也必然会在社会的讨伐下尸骨无存，落魄到“人人可啖其肉”的下场。在我们的身边，我们的绝大多数教师均能够忠于祖国和人民的教育事业，模范地遵守宪法和法律，恪守教师的职业道德规范，在教书育人的平凡工作中兢兢业业地踏实奉献，这正是我们教师崇高师德的具体体现。

一、热爱祖国是教师职业道德教育的永恒主题

热爱祖国是每个公民，也是每个教师的神圣职责和义务。教师是人类灵魂

的工程师，当然不能例外。苏霍姆林斯基说："热爱祖国，这是一种最纯洁、最敏锐、最高尚、最强烈、最温柔、最有情、最温存、最严酷的感情。一个真正热爱祖国的人，在各个方面都是一个真正的人。"一位教师不仅要对党、对祖国、对社会主义持有深沉的爱，还要把为祖国献身教育事业作为一生的目标和追求，树立为教育而献身的崇高理想。有人说过：一个人如果没有理想就等于没有灵魂，而没有灵魂，一切都将成为没有结局的开始，成为权宜之计，成为得过且过，苟且偷生。也就是说，一个人如果没有任何理想和追求的话，那他的喜怒哀乐就完全跟物质的东西相关。假如他所追求的理想同国家的前途、民族的命运相结合，个人的向往和追求同社会的需要和人民的利益相一致，其他东西就会放在次要位置，那么他的韧性就很大，不管遇到什么困难，有什么问题，都会朝前走。

（一）热爱祖国是教师献身教育的思想基础

我们都知道，就思想和行动的关系而言，思想支配行动，思想是行动的先导和动力。人们无论做任何事情，都是先有思想、后有行动。有正确的思想才有正确的行动，有积极的思想才有积极的行动，有统一的思想才有统一的行动。思想中包含着认识，但并非仅仅局限于认识。人的思想还包括欲求、情感、动机、目的、意志等因素，由它们来推动和支配人们的行动。教师应该有什么样的思想呢？这主要从教师职业的责任和使命来看。

1. 教师首先要树立爱国主义思想

马克思曾经指出：作为确定的人，现实的人，你就有规定，就有使命，就有任务。至于你是否意识到这一点，那是无所谓的。这就意味着，从事一定职业活动的人，必须承担确定的责任。

教师的职业是富于责任感的事业，教师的责任感是教师职业的内在要求。教师承担着为国家为社会培养建设者和接班人的伟大重任。苏联著名教育家加里宁说过：国家和人民把儿童托付给教师们，要他们来教育这些按年龄上最容易受影响的人，也就是说，把自己的希望和自己的未来完全托付给他们。这是把伟大的责任加在教师身上的一种重托。每一位教师看到这段话都要有所触动，一个教师首先要树立爱国主义思想，深刻地认识到自己的工作是和祖国的未来发展、国家的繁荣昌盛联系在一起的，自己的日常平凡的工作不是简单的上课、下课，批改作业，而是像陶行知那样把教育事业当作“一大事来”，为一大事来，做一大事去，有了这种认识，才能自觉担负起这份责任和接受这样一种重托。

2. 教师要树立为祖国教育而献身的崇高理想

伟大的人生目标往往产生于对祖国深厚的爱，一个人对祖国爱得越深，社会责任感越强烈，人生目标就越明确，人生信念越坚定。信念是人们对于某种人生观、道德理想和行为准则正确性和正义性深刻而理性的笃信，以及由此而产生的对某种道德义务的强烈责任感。它是深刻的道德认识和炽热的道德情感的有机统一，具有稳定性、持久性和一贯性的特点。

一位教师只有认识到、体验到自己所从事的工作的崇高，意识到自己肩上担负着祖国和民族的未来，从而树立献身教育的坚定信念，才能做到言行一致，不论遇到什么困难，都处处为事业着想，呕心沥血，矢志不渝地为培养一代新人而默默奉献自己的一生。伟大的人民教育家陶行知为当代和后世树立了一个光辉典范。

陶行知的教育追求

1917 年，陶行知在哥伦比亚大学师范学院毕业之后，同年秋，陶行知怀着“要使全中国人民都受到教育”的理想，回到了阔别三年的祖国。投身于祖国的教育事业，通过教育提高国民的素质，建立民主共和国。以教育救国、教育建国、教育治国为途径，实现民主共和国。

他的理想是和祖国的未来结合起来的，所以他为着崇高理想锲而不舍、呕心沥血、矢志不渝、无怨无悔。他自愿放弃优越的生活，率领青年在老山一片蔓草遍野、荆棘丛生的荒凉之地艰苦创业，开辟新教育基地，创建晓庄师范，一直为实现自己的理想而努力。他当时的处境不仅异常艰苦而且还充满危险。抗战胜利后，他到上海，当时国家内战危机迫在眉睫，他身处逆境，时有遭暗杀的危险，却对中国前途抱着乐观的希望，对自己的理想毫不动摇，仍“要在上海创办社会大学、函授大学、新闻大学、无线电大学、海上大学、空中大学，让整个上海，都变成学校，让上海 500 万市民，都能得到受教育和再受教育的机会”，真是矢志不渝。

陶行知为了人民教育事业，他总是舍己为人，毫不考虑自己。他如果追求个人升官发财是很有条件的，但他视之为粪土，而以为劳动人民多做好事为乐。他不仅置自己的名誉、地位于不顾，甚至置身家性命于不惜。他常说："唐僧西天取经，遭遇八十一难，不知者以为他是自寻苦吃，其实他是抱着一个宏愿要完成，看破生死就能乐而忘苦。"他从事教育事业都是为了劳苦群众。他无私奉献，为了创办晓庄师范倾其所有，拿出仅有的一千元，又把母亲死后的人寿保险金拿出来办山海工学团。创办育才学校，他除了卖字、卖文外，还把当参政员每月 360 元的车马费也全部献出。他自己的生活非常简朴，终年穿一身蓝布料做成的衣服，有时连吃饭也发生困难，正像他自己说的："生活不如老妈子。"为了人民的幸福、祖国的强盛，他无怨无悔。

陶行知自觉选择教育专业，放弃政治专业，与其共和国实现之途径——教育救国、教育建国、教育治国的社会观念不无关系。他不想跻身政界，选择教育为自己的立命之所、安身之处。陶行知的理想是建立民主共和国，途径就是通过教育提高国民的素质。

（选编自《山乡社会走出的人民教育家陶行知》，湖北教育出版社，1999 年 8 月出版）

（二）热爱祖国使教师获得无穷的内驱力和创造力

马克思在《青年在选择职业时的考虑》中说过这样一段话：在选择职业时，我们应该遵循的主要指针是人类的幸福和我们的完美，不应该认为这两种利益是敌对的、相互冲突的，一种利益消灭另一种的。人类的天性本来是这样的：人们只有为同时代人的完美、为他们的幸福而工作，才能使自己也达到完美。伟大的人生目标往往产生于对自己祖国深厚的爱。一个人对祖国爱得越深，历史责任感就越强烈，人生目标就越明确，人生信念就越坚定。古往今来，彪炳中华民族史册的，无一不是忠诚的爱国者。他们之所以能够做出一番事业，使自己的人生有意义、有价值，根本原因在于对自己祖国和人民有一颗滚烫的赤子之心。俄国作家车尔尼雪夫斯基说过：一个没有受到献身热情所鼓舞的人，永远不会做出什么伟大的事情来。

"跳蚤效应"来源于一个有趣的生物实验，生物学家往玻璃杯中放入一只跳蚤，跳蚤轻易地就跳出来了。再把这只跳蚤放入加盖的玻璃杯中，结果一次次跳起，一次次被撞。最后，这只跳蚤变得聪明起来，它开始根据盖子的高度来调整自己所跳的高度。一周之后取下盖子，而跳蚤却再也跳不出来了。跳蚤效应的道理很简单，跳蚤调节了自己跳的目标高度，而且适应了它，不再改变。很多人不敢去追求梦想，不是追不到，而是因为心里就默认了一个“高度”。这个“高度”常常使他们受限，看不到未来确切的努力方向。

然而，有的人却不是这样，他们一旦树立了远大理想和坚定的信念，就会矢志不移，排除万难奋斗不止。全国著名特级教师斯霞在回答是什么力量使她坚定不移地把毕生的精力献给教育事业时，她说：热爱是前提。她还说，她最初选择教师这个职业，是从饭碗考虑的。真正认识到小学教师工作的意义，深深地爱上自己的工作，还是在新中国成立以后。祖国光明美好的前景给了她极大的鼓舞，看到孩子们在党和政府的关怀下迅速成长，她感受到了无穷的乐趣，从而在党的教育下逐步树立了“一生为了孩子的成长，一生为了祖国的未来”的信念。她说：有了这个信念，才千方百计如饥似渴地去补充自己的知识，再苦再累也心甘情愿；有了这个信念，个人的安逸，家庭的幸福，如有必要，我都能牺牲；有了这个信念，什么样的个人屈辱我都能忍受，什么样的磨难我都不怕；有了这个信念，所有那些瞧不起“孩子王”，瞧不起小学工作的世俗观念，都不能使我动摇。

爱国主义是一种精神支柱，是一种动力源泉。一个教师只有有对祖国的爱，才能把个人的命运同国家前途和命运统一起来，才能充分认识到祖国的存在和发展是个人存在和发展的前提，祖国的命运和个人的命运有着血肉一般不可分割的关系。要充分认识到没有中国共产党，没有祖国，没有社会主义，教师的个人价值就无法实现，更不可能实现自己的人生理想。因此，教师必须自觉地与祖国同呼吸，共命运，把祖国的利益、党的利益、人民的利益看成高于一切，重于一切，把教育事业看成祖国社会主义事业的一部分，甘愿为此奋斗一生。

（三）热爱祖国使教师树立为祖国教育而献身的崇高理想

爱国主义从内涵上来看，有三个层次：首先表现为一种情感，对自己祖国的一种归属感、认同感、尊严感和荣誉感，这种情感随着理性的认识要升华为爱国思想，最终要转化为爱国行为。也就是说热爱祖国不仅表现在热爱自己生活的地域、疆土、国度，而且要关心国家的前途和祖国的命运，不仅表现在对祖国的深厚情感上，还表现为民族自尊、自信、自强的精神，更要体现为祖国的繁荣富强而努力奋斗的行动上。正如苏霍姆林斯基所说："对祖国的忠诚要靠忠诚地为祖国服务来培养。"

人民教师强烈的爱国之情，则表现为深深地爱自己的教育事业，满腔热情地教书育人，竭尽全力为祖国培养优秀人才。著名特级教师霍懋征是这样说的："我知道孩子是祖国的花朵，是祖国未来的建设者，爱孩子就是爱祖国，我要把热爱祖国、热爱教育事业之情，倾注到我的学生身上，全身心地投入到小学教育事业中。"北京景山学校著名特级教师马淑珍老师是这样说的："我虽然天天战斗在三尺讲台前，每节课教儿童识几个汉字，但这几个汉字却连接着祖国。"是的，一个教师对祖国的爱，既要像霍懋征老师这样体现在大的人生志向的确立，也要像马淑珍老师这样体现在教育教学的每一个细小的环节上。

总之，衡量一位教师是否具有爱国主义的思想政治素质，关键要看他（她）能否表现出对教育事业的责任感和使命感，看他是否把自己的一切无私地献给他所爱的工作和学生，不为名，不为利，不计较个人得失，一心扑在教育工作上，把培育祖国的下一代当成自己义不容辞的天职，忠于职守，埋头苦干，为国尽力，为民造福，为祖国的教育事业做出贡献。①

二、依法执教是师德修养的底线要求

遵纪守法是社会向人们提出的基本要求，也是每个人在社会生活中必须履行的义务。马克思认为，人的本质并不是单个人所固有的抽象物。在其现实性上，它是一切社会关系的总和。无论对于维护社会和集体应有的正常秩序，还是就个人在这个社会生活中应有的位置和作用来说，遵纪守法都是做人的起码准则。《规范》（2008 修订版）明确要求教师要全面贯彻国家教育方针，自觉遵守教育法律法规，依法履行教师职责权利。不得有违背党和国家方针政策的言行。

---

① http：//wenku. baidu. com/view/c7f457b8c77da26925c5b03f. html.

1. 遵纪守法是社会向教师提出的基本要求

法律与道德在现代社会发展过程中所起的作用是相互促进、相互补充的。其中道德在社会秩序维持的过程中起主导作用，而法律是维持社会秩序所必需的一种手段。我们知道，法律与道德在社会发展过程中发挥作用的方式是不同的：道德作用的发挥主要是通过社会舆论与个人信念等因素进行，而法律是通过各种手段强制执行。在教师职业道德修养的过程中，一方面应该强调道德因素在师德修养过程中的主导作用，另一方面也应该强化法律在师德修养过程中的重要功能。如果说道德是人格步入高尚的阶梯，那么，法律则是不可逾越的底线。

遵纪守法是社会向人们提出的基本要求，也是每个人在社会生活中必须履行的义务。马克思说：人的本质并不是单个人所固有的抽象物。在其现实性上，它是一切社会关系的总和。无论对于维护社会和集体应有的正常秩序，还是就个人在这个社会生活中应有的位置和作用来说，遵纪守法都是做人的起码准则。

教师的法纪观念如何，不仅反映着自己是个什么样的人，而且直接影响着培养的下一代会是什么样的人。教师自觉地做到遵纪守法，可以直接影响青少年学生的健康成长，促进社会主义民主法制建设和道德风貌的良性发展，这对于培养一代合格的社会主义新人，对于我们国家和民族的未来，是至关重要的。因此，人民教师应当十分注重培养自己良好的法纪风貌，做到遵纪守法，而且应当把它作为教育活动和日常生活中一项基本的行为规范，严格要求，贯彻始终。

2. 依法执教是师德修养的现实诉求

近年见诸报端的教师体罚学生事件屡见不鲜，人们惊讶于教师作为人类灵魂的工程师为什么会如此粗暴、残忍，变成摧残孩子们心灵和身体的恶人。当然有些老师也感到委屈，“是为了学生好，是恨铁不成钢”。除了师德修养不够，重要原因还在于一些教师法律意识淡薄，法律知识贫乏，不能依法执教。教师的教育教学活动，一定要合法、规范、严谨，要用相关的法律法规来指导自己的教育教学实践。要求教师从教育的方法到手段都符合法律的规定。其实，我们许多教师的行为在教育教学过程中不知不觉已经违法了。例如，截留学生的信件、偷看学生的日记；为保持课堂纪律而限制学生的言论自由；为应付上级检查或评奖评优而弄虚作假。总之，在教育实践中，一些教师教育学生的方法简单、粗暴，动辄训斥、谩骂、讽刺、挖苦、羞辱学生，体罚甚至变相体罚，不尊重家长，对学生进行人格侮辱和心灵虐待。给整个教师形象造成了极坏的影响，引起全社会的高度关注。

老师当众辱骂与体罚学生引发自杀案

2012年10月22日清晨，某中学16岁的姜某，突然死在外婆家的床上。经过公安机关的调查，得知姜某的死因是自杀。姜某的母亲饶女士认为，导致儿子自杀的根本原因是因为他曾多次被该校初三（6）班化学老师当众辱骂殴打、物理老师的多次变相体罚，儿子自尊心极大地受到伤害，导致他害怕上学，不愿上学，挨打后回家不敢告诉家长，最后对生活感到绝望而服毒自杀。饶女士坚定地认为，该中学教育管理松懈，老师素质差，教育方法欠妥是导致姜某自杀的导火索之一，学校和化学老师对本次事故应负一定的责任。

姜某的同学也证实说，化学老师喜怒无常，心情不好就会揍人，有时喝了酒上课也会打人，学生回答不了问题，他就大打出手。有同学反映：一天上物理课，姜某因没做完作业，被物理老师扔掉书本，叫他站到讲台上，揪了几下耳朵，过了好一会才让他下来。过后，姜某曾对同学说，老师这样对他让他好没面子。姜某自杀后，学校展开调查时，几名同学都证实了在本学期姜某自杀前不久，化学老师因姜某未完成作业打过他的事。10月21日晚自习时，姜某把笔记本送给了几位班上要好的同学，说第二天不来上课。

在学校对此事的调查结论中，学校没有否认该校老师对学生有过一些责骂行为，但否认了这种行为对姜某自杀造成的影响。认为化学老师责骂姜某的行为与姜某自杀的后果没有必然的关系，姜某在遭到老师责骂后的这段时间内，在老师和同学眼里，都没有表现出反常的行为。

【评析】

在这个案例中，姜某自杀的原因与遭受教师的体罚与变相体罚有一定关系，并且多个同学证明该学校确实存在教师素质低下，经常体罚学生的事实，如果姜某的监护人将学校告上法庭，学校将会受到法律的惩处。姜某在人格尊严受到严重践踏之后，由于自身心理承受能力较低，在不知道怎样面对的情况下选择了死亡，导致了悲剧的发生。案例中该中学老师说的一句话也很有道理，“老师的心是善意的”，但就是因为方法不恰当，这种好意间接地造成了姜某的自杀。

此外，学生心理素质低下、心理健康状况不好也是一个很重要的原因。“鞭子本姓竹，不打书不读，不打不成才，一打分数来。”这是传统教育体制下教师体罚学生的宣言。虽然我国很多法律法规对教师体罚学生这一行为严格禁止，但是现实中，体罚与变相体罚屡禁不止。现在学生多为独生子女，心理承受力差，受到体罚后，很可能选择自杀。面对如此严重的后果，我们不禁要问，教师为什么会体罚学生呢？教师是人类灵魂的工程师、是蜡烛、是园丁，世界上有很多对老师的赞美之词。也证实由于教师工作的特殊性以及人们对体罚学生现象的不良认识，导致处理教师体罚学生案例有失之于宽、失之于软的现象。

所以，教师应该加强自身建设，提高修养，认真学习有关的法律文件，早日学会用更文明的方式教育学生。此外，教师应当教育学生继承中华民族尊师重道的传统美德，尊敬师长，文明待人，同时还要重视心理健康，学会坚强和为他人着想，切莫过于悲观。

教师侵犯学生人格造成严重后果案

2012年11月2日下午，某校三（3）班女生小云因未及时交作业，而被该校一位老师拉到三（5）班，并对这个班的师生说：“大家都来认识一下，这是我们班最坏的学生。”接着该老师又将小云叫到办公室，让她鼻子贴墙站立，然后又将小云扯至教室讲台旁罚站。该老师向班里同学“启发”道：“小云不交作业怎么办？”其中一位同学回答说：“再让她去各班进行展览。”该老师说：“她已经到各班展览过了，已经没有脸了，大家看她有没有屁股。”说完后，该老师便点名让四位男生来扒小云的裤子。当四位男生离讲台还有一米时，该老师又改口让四名女生上来“当差”。该老师对其中一名女生说：“小云话太多，你用抹布塞住她的嘴，看她还说不说话。”这名女生立即奉老师之命，将脏抹布塞到小云嘴里。接着该老师又令其中两名女生扒小云的裤子。此时，小云一面号啕大哭，一面拼命挣扎。几分钟后，该老师见小云的裤子还未扒下，便亲自上阵从侧面扒下了小云的外裤，当她继续扒时，班里很多同学都惊恐地尖叫起来。此时，该老师才停下了手里的“活”。

事发后，小云几次在夜间哭闹，家人感到奇怪便开始询问。直到11月5日晚，小云才吐出一句：“我死也不想上学了。”家人再三问其原因，并答应无论发生什么也不会责怪她，小云才哭着说出被扒裤示众之事。该校领导在调查此事后，深感事件的严重，立即组织全校师生召开大会对此事进行讨论，并让这名老师当众检讨。

【评析】

《中华人民共和国义务教育法》（以下简称《义务教育法》）第二十九条第二款规定，教师应当尊重学生的人格，不得歧视学生，不得对学生实施体罚、变相体罚或者其他侮辱人格尊严的行为，不得侵犯学生合法权益。《学生伤害事故处理办法》中规定“学校教师或者其他工作人员体罚或者变相体罚学生，或者在履行职责过程中违反工作要求、操作规程、职业道德或者其他有关规定的”，学校应当依法承担相应的责任。在本案中，这名教师的行为对小云的人格造成了严重的侵犯，并且带来严重的后果。一名小女生，当众被人扒裤子，并且被人往嘴里塞抹布，人格尊严被人践踏。因此，小云有权要求精神赔偿。《中华人民共和国刑法》中有这样的规定：“以暴力、胁迫或者其他方法强制猥亵妇女或者侮辱妇女的，处五年以下有期徒刑或者拘役。聚众或者在公共场所当众犯前款罪的，处五年以上有期徒刑。”该老师的行为就是以暴力、强迫的方式对小云进行侮辱，并且事故发生在班级，属于公共场合。因此，应当根据刑法对该教师做出处罚。

从以上案例可以看出，不管是体罚，还是变相体罚，都是一种侮辱人格的行为，这种行为对未成年学生造成严重的后果，不利于他们的健康成长，会挫伤他们的学习积极性，伤害他们的人格尊严，导致他们与教师关系的恶化和对立。有时由于涉及人身伤害，还会造成学生家长与学校对簿公堂，导致学校与家长间的关系趋向恶化，学校教育与家庭教育形不成合力，不利于双方之间协调起来共同对孩子进行良好的教育。因此，教师要提高自我素养，学习有关法律知识，做到自觉遵守法律，采用科学合法的手段对学生进行管理和教育。

实际上国家在《中华人民共和国未成年人保护法》（以下简称《未成年人保护法》）第三章第十七条有非常明确的规定：学校应当全面贯彻国家的教育方针，实施素质教育，提高教育质量，注重培养未成年学生独立思考能力、创新能力和实践能力，促进未成年学生全面发展。第十八条规定：学校应当尊重未成年学生受教育的权利，关心、爱护学生，对品行有缺点、学习有困难的学生，应当耐心教育、帮助，不得歧视，不得违反法律和国家规定开除未成年学生。教师要深刻认识到，违法体罚给学生造成的危害是巨大的，甚至是无法弥补的。它不但是生理的，也是心理的；不但是肉体的，也是精神的；不但是学生自身的，也是关涉教师的；不但是现时的，也是未来的。一些正直善良的教师发出呼吁："为了不让我们的教育蒙羞，是到了正视教育体罚的时候了。"

3. 教师要自觉遵守法律法规，做遵纪守法的模范

教师要讲法律，用法律来规范自己的行为，不做法律禁止的事情。教育教学要遵循教育法律法规。当前，我国的教育法律法规也出台了不少，有《教师法》《义务教育法》等。从某种意义上来说，教师的教育教学活动实际上就是在"执法"。因此，教师的教育教学活动，一定要合法、规范、严谨，要用相关的法律法规来指导自己的教育教学实践。教师的教育教学活动必须做到知法、守法和不违法。

（1）知法。遵守宪法和法律是国家、社会组织和公民一切活动的基本行为准则，教育法律法规是规范教育行为的专门法律。在宪法的指引下，我国已经形成了以《教育法》《教师法》《义务教育法》《未成年人保护法》等法律法规为骨干的教育法律法规体系。其中，《教育法》为我们提供了法律依据，使教育工作逐步走上法制化、规范化的轨道。

教育法根据教育的性质和特点，体现如下的法理：全社会关心和支持教育法理；遵循教育客观规律的法理；教学民主的法理；受教育机会均等的法理；教育不得以营利为目的的法理等。由此产生教育法的基本原则：教育优先发展的原则；教育机会均等的原则；继承吸收优秀文化传统的原则；重视德育的原则；全社会关心和支持教育事业的原则；教育改革与协调发展原则；鼓励教育科学研究的原则；办学不得以营利为目的的原则等。教育法的基本原则是人们在教育活动中必须遵循的准则。

《教师法》是我国教育史上第一部专门为教师制定的法律，对教师的权利、义务以及法律责任等都做出了明确的规定，向教师的执教提出了要求，促使教师必须依法执教。教师要教书育人，为人师表，就应当模范地遵守宪法和法律法规。它的实施，对维护教师合法权益，提高教师社会地位和待遇，加强

教师队伍建设，使教育工作和教师队伍建设走上法制化轨道，具有重大意义。广大教师要认真学习、深刻理解、坚决贯彻教育法律法规，严格依法执教。教师是我国《教师法》的立法对象。《教师法》第一条对其立法宗旨做了明确规定：“为了保障教师的合法权益，建设具有良好思想品德修养和业务素质的教师队伍，促进社会主义教育事业的发展，制定本法。”《教师法》将尊师重教的方针上升为国家的法律，体现了全国人民的共同愿望和意志。该法主要规定了以下几个方面的内容：一是保障教师的合法权益。规定了教师的基本权利、享有的社会地位和物质待遇，明确了政府、学校，各行各业及公民的义务和责任，对侵害教师合法权益的法律责任做了明确规定。二是提高教师队伍素质。教育质量的高低取决于教师队伍素质。为在我国建设一支具有良好思想品德修养和业务素质的教师队伍，适应教育事业发展的需要，《教师法》明确规定实行教师资格制度，对教师的任用、培养、培训、考核等做出了规定，使提高教师队伍素质的工作有了法律依据。三是促进我国社会主义教育事业的发展。振兴民族的关键在教育，振兴教育的关键在教师。《教师法》的制定体现了教育在我国的优先发展的战略地位。

（2）守法。依法执教要把法定的职业规范转化为教育教学实践活动，以法律为尺度，严格依照法律进行教师职业行为选择。从某种意义上来说，教师的教育教学活动，实际上就是在“执法”。因此，教师的教育教学活动，一定要合法、规范、严谨，要用相关的法律法规来指导自己的教育教学实践。要求教师从教育的方法到手段都符合法律的规定。要知道日常教育教学过程中，我们许多教师的行为在不知不觉当中，已经违法了。例如，截留学生的信件、偷看学生的日记；为保持课堂纪律而限制学生的言论自由；为应付上级检查或评奖评优而弄虚作假；公开学生成绩并张贴红榜白榜；大量代订复习资料并收取回扣等。

（3）不违法。我国《教育法》和《教师法》规定，教师的行为选择如果不符合法律，就要承担法律责任，受到法律制裁。《教师法》第三十七条规定：“教师有下列情形之一的，由所在学校、其他教育机构或者教育行政部门给予行政处分或者解聘：（一）故意不完成教育教学任务给教育教学工作造成损失的；（二）体罚学生，经教育不改的；（三）品行不良，侮辱学生，影响恶劣的。教师有前款第（二）项、第（三）项所列情形之一，情节严重，构成犯罪的，依法追究刑事责任。”

总之，每一位教师都应以马克思列宁主义、毛泽东思想和邓小平理论武装头脑，自觉遵守宪法法律，严格依照国家法律法规，依法执教，履行教书育人的职责，为培养全面发展的社会主义建设者和接班人做出应有的贡献。

请思考

1. 教师职业道德教育的永恒主题是什么？
2. 师德修养的底线要求是什么？

第三章

爱岗敬业——教师职业的本质要求

君子有三乐：父母俱在，兄弟无故，一乐也；仰不愧于天，俯不怍于人，二乐也；得天下英才而教育之，三乐也。

——《孟子·尽心章句上》

近些年，中小学教师的生存状态有了明显的改善，教师的经济地位以及专业化程度不断提高、教师的社会地位得到了一定程度的认可和尊重，而且专业自主发展有了一定的制度保障。但是，由于中小学教育的基础性、中小学教师职业的特殊性以及各种社会因素的影响，中小学教师，尤其是农村中小学教师的生存状态还令人担忧，这也是阻碍他们的良好师德提升的重要原因。要想改变师德现状，一方面要求有关部门对他们的工作成果应该有更充分的肯定，给予他们的生活、工作环境更实质的提高，切切实实为他们的专业发展做一些实事；另一方面，也要求中小学教师树立崇高的教育理想，能够在平凡的工作岗位上真正感悟到教师的幸福。

一、谁偷走了教师的幸福

教师的生存状态指的是在特定历史文化背景下教师群体所处的物质精神环境。我国幅员辽阔，城市与农村、东部与西部、发达地区与欠发达地区在经济、文化等多方面发展不平衡。因此，除非对某一地区做有针对性的调查研究，否则我们很难对中小学教师整体的生存状态做确切描述。可尽管如此，当前中小学尤其是占大多数的农村中小学教师的生存状态还是有一些共通之处的。总体来讲，中小学教师当前的生存状态存在以下特点。

（一）生活累：经济收入低，生活压力大

改革开放以来，教师的社会地位日渐提高，尤其是近几年工资统发、拖欠教师工资的现象已经杜绝，但农村中小学教师工资依然偏低。

一些教师谈到薪资待遇都非常无奈。“大学毕业后，自己本是抱着热爱教师这一行业的积极心态参加工作的，可是除去合租的房租、水电以及必要的生活开销，每月都无余款。在企业的同学，虽然起薪也不高，但干了几年，工资随着能力大幅度提高，而我们的工资几乎是原地踏步，一千多元的待遇拿了好几年。那些高档用品是从没想过的，逢年过节，孝敬老人，平常再有个你来我往的，我就属于那种‘月光族’的。”一位在河北衡水农村任教的年轻老师如是说。

张老师是河北省衡水市郊一名普通农村女教师，谈到自己的生活状况，她说自己已经教了二十年的书了，工资由过去的几十元涨到现在的2400元，丈夫在城里打工，但家里依然没有存款。除了老人看病要花钱，孩子上大学也要花钱，再加上现在物价上涨，工资只能维持生活。“我也很想买些体面的衣服，毕竟是个文化人，但是没办法呀，等过两年儿子毕业后，找工作、结婚买房，哪样不用钱，还是省省吧。”

农村教师住房存在政策盲点，国家现行住房改革政策未能惠及农村中小学教师。实地调研发现，多数农村教师既无建房的宅基地，又不能享受城镇职工经济适用房或廉租房等房改优惠政策。调查表明，农村小学教师反映无自有住房的比例为58%。在表示没有自有住房的教师中，有23%反映居住在学校单人或集体宿舍。还有很多农村学校没有教师宿舍，用废弃的教室简单装修后作为教师宿舍。这些教师的生活条件令人忧虑，退休后还将面临无房可住的实际困难。

“现在的老师都只是在凭良心和责任心工作！”一位老师如此说。他表示，目前工资少得可怜，扣完各项税和杂费，“这点钱要何年何月才能买得起房呢？衡水现在新楼的均价已达每平方米四千元以上，二手楼也超过三千元。老

师的付出与收获根本不成正比。平时我们每晚在家里备课改作业与家长联系和学生谈心，这些可都不算加班的啊！”年轻人都想进一步提升学历，为自己打造一个更大更好的生存空间，但提升学历的费用在六七千元以上，一年不吃不喝都难应付，还得考虑结婚、买房子等大额投入，不少年轻教师只得向父母伸手要钱。

家住在农村的王老师谈到，由于合并学校，家离学校比原来更远了，每天要骑摩托车半个小时。尤其是冬天，路上结冰特别不好走。他非常希望学校能提供校车来解决困难。

一位家住在市里的年轻女教师谈到，自己大学毕业后通过教师公开招聘，被分到镇上的中心小学，家里没有汽车，平时住在学校单身宿舍，只有周末才回家，“有时，我觉得很对不住丈夫，家里大小事都让他一个人操心，如果有班车接送就好了，可以来回跑”。

目前中小学教师的社会地位、待遇和福利虽然有了一定的提高，但是他们的经济收入和社会地位还未能和他们所负担的社会责任相符，很多的中小学教师对自己的待遇和福利不满意，这也是造成教师“流失”的重要原因。这种“流失”一方面表现在教师向条件好的城市学校、重点学校流动，使得农村地区薄弱校的师资力量更加薄弱；另一方面，社会其他行业优厚的收入和待遇、较高的社会地位对中小学教师有较大吸引力，使得他们流向有较高待遇的职业，比如考取公务员、辞职做生意等。

（二）身体累：工作负荷重，医疗条件差

中小学教师们普遍反映工作时间过长，管理压力过大，责任重大，已经超出了教师的承受能力。

我国教师实行的是八小时工作制，但对大多数中小学老师来说，他们的工作时间远远超过八个小时。由于近些年中小学都在紧缩编制，造成教师工作量超负荷的现象非常普遍。有调查发现，教师每周授课节数 9 ~ 12 节的只有 28%，13 ~ 18 节占 45%，这是农村义务教育阶段的普遍现象。一些“副科”是由主课专任教师“兼”任的，但因为这些课程大多没有重复的内容，往往会使教师课时数增多。

教师的正常工作时间是早晨 7 时到校，下午 5 时以后放学，有些学校晚上

还要补课。寄宿制学校教师从早到晚都要在岗，唯恐学生有任何问题出现，甚至夜间学生发生问题，教师也要赶到学校处理。一般来说，老师的工作包括了备课，上课，批改作业，实验实践活动准备，教学研究，早晚自习辅导，对个别同学的谈心和教育，对寄宿学生的纪律、卫生、安全等的管理。一些农村学校尤其是村小都实行包班制，一人包揽任教该班的全部课程，所以，教师的很多工作在八小时内根本无法完成，比如备课、批改作业或试卷，都只能利用休息时间，如此长年累月超负荷的工作量，难怪在网上以"教师身体健康"为关键词搜索得到的数据或信息让人触目惊心。

2010 年 10 月 8 日《光明日报》发表文章《调查：乡村教师健康问题突出不容忽视》，以贫困山区优秀校长李黎明的事迹为导引，在为好校长英年早逝扼腕叹息的同时，抛出问题"这样的好校长为什么说走就走了呢"，进而提出"在中国未来经济和社会发展的过程中，乡村教师身负重任，必须高度重视这支队伍的健康问题"。

农村教师生活的地方，其医疗条件普遍较城市差，看病吃药很成问题。他们常年坚守在教学第一线，离不开孩子，走不出教室，对自身的健康状况根本无暇顾及，一般都是"小病靠拖，大病吃药"，不到万不得已是不会进医院治疗的。很多老师反映，农村教师的工资基本上刚够一家人维持生活，根本看不起病。另外，在城市，学校一般都定期组织教职工体检，这在农村是不可想象的奢侈。定期的身体检查早已被"不定期"所取代，甚至有的老师从担任教师以来就没有体检过。客观地说，国家有关农村教师的健康问题尚无配套的政策规定。大部分学校并没有为老师们购买医疗保险。这与《教师法》中"教师的医疗同当地国家公务员享受同等的待遇""医疗机构应当对当地教师的医疗提供方便"的规定是不符的。

（三）精神累：职业倦怠普遍，自我效能感低

教师职业倦怠是教师不能顺利应对工作压力时的一种极端反应，是教师在长期压力体验下产生的情绪、态度和行为的衰竭状态，典型症状是工作满意度降低、工作热情和兴趣的丧失以及情感的疏离和冷漠。它包含三个维度：一是情绪衰竭，指没有活力，没有工作热情，感到自己的感情处于极度疲劳状态，它被视为职业倦怠的核心维度，并且也是最明显的症状表现；二是去人格化，

指刻意在自身和工作对象间保持距离，对工作对象和环境采取冷漠、忽视的态度；三是无力感或低个人成就感，指倾向于消极地评价自己，并且伴有工作能力体验和成就体验的下降。近年来，我国中小学教师职业倦怠现象日益呈上升趋势。

据中国人民大学公共管理学院组织与人力资源研究所、新浪教育频道联合开展的2005年中国教师职业压力与心理健康调查显示，超过80%的教师反映压力较大，近90%的教师存在一定的工作倦怠，近30%的教师存在严重工作倦怠，近40%的教师心理健康状态不佳，20%的教师生理健康状况不佳，超过60%的教师对工作不满意。① 目前有超过三分之一的教师暴露出职业倦怠的倾向，缺乏工作热情。由于工作兴趣丧失而导致的“无兴趣病”使部分老师在工作中表现出懒散、不求进取、缺乏学习意识、不负责任、混世等消极情绪或行为，直接影响教学质量和教学结果。长期研究结果显示，教师“无兴趣病”在全国大部分地区还是普遍存在的，除了一些经济相对发达、教育水平发展较高的地区。② 最近几年，中国人民大学、新浪网、新华网、人民网等多家学术机构和媒体的调查都证实，很多教师都不同程度地存在情感衰竭、玩世不恭和成就感降低等工作倦怠状态，常常感到忙、累、烦、难。职业倦怠的存在无论对教师自身、对学生还是对工作都有着消极影响。教师职业倦怠的现实表现一般为以下几个方面。

1. 对工作——情感衰竭

职业倦怠的教师常常表现出持续的精力不济、极度疲劳、头疼、失眠等不适症状；空虚感加强，感到自己的知识无法满足工作需要，不能适应知识的更新和不断变化的教学要求，怀疑自己，感到无能和失败；感到情感资源被极度耗尽干涸，工作满意度降低，对工作的热忱与奉献减少。

对职业倦怠的消极性使得教师不再精心钻研教材、准备教案，写教案成了每天应付的差事；不再精心组织课堂教学，教学活动变得机械、沉闷、枯燥和程序化，缺少生机和乐趣，缺乏对智慧的挑战和对求知欲的刺激；不再对第二课堂、家访等工作热心，而是能推就推、能拖就拖，严重影响了教师正常水平

---

① 姬祥. 清中职教师职业倦怠产生原因及缓解措施 [M]. 职业教育研究，2008 (9).

② 桂杰，等. “无兴趣病”困扰中小学教师 [N]. 中国青年报，2009-05-09.

的发挥，影响教育质量。

2. 对学生——冷漠迁怒

教师产生职业倦怠最直接的受害者就是学生，冷漠迁怒是教师倦怠的情感体验和行为在学生身上的投射。从本质上讲，教育是为“学生”而存在的，教育的意义就在于使学生的自然生命获得舒展、精神生命获得激发。外在的、冷漠的行为只能为学生呈现静态的知识，而不能帮助他们获得教育的意义。

在倦怠的生存中，教师虽然忙忙碌碌地工作，但只是在“扮演着”规定的角色，在繁重的教学任务和机械的事务性工作面前，教师不仅“繁忙”，而且“烦神”；不仅“操劳”，而且“操心”。这种情形下学生往往就成了“出气筒”，老师动不动就容易冲学生发火，缺乏耐心，对学生的要求和变化视而不见。学生不得不谨小慎微，看老师的脸色行事。

更主要的，教师由职业倦怠引发的消极情感会通过其语言、表情、动作传染给学生，最终销蚀学生学习的动力，伤害学生脆弱的心灵；教师的教学不能引发学生情感的愉悦和美的体验，降低学生的求知欲，造成学生学习的无力状态；不利于培养学生的自信心和成就感，使整个学生集体成为没有生机和活力的一盘散沙。

3. 对自我——消极评价

自我消极评价是教师倦怠的情感在自身工作经历、工作体验和工作追求上的折射，是教师自我效能感降低的表现。教师自我效能感主要包含三方面含义：一是教师自我认知与情感体验的综合体；二是教师对自身工作与能力的信念；三是教师在教育活动中主体性、积极性和创造性的反映。总之，教师自我效能感是教师自主发展的内在动力机制，是教师专业承诺、工作动机和教育行为的有效中介和驱动力量。

事实上，陷入职业倦怠的教师常常因对工作厌倦挫折感倍增，自我效能感降低。他们体会不到职业带来的个人价值的实现，从而贬低自我价值，同时也丧失了追求自我专业发展和自我更新的动力，因而很难将各种外在的促进其专业发展的机会和可能性转化为自身的实际专业发展。这种原地踏步甚至倒退进一步带来职业上的挫败感和自我评价的消极，最终形成恶性循环，严重威胁教师的身心健康。

以上是对当前中小学教师生活状态、工作状态、身体和精神状态的粗略描述，而这种状态与教师职业道德水平发挥密切相关。我们要求教师要把教书育人真正作为最幸福的事，在日复一日平凡而伟大的工作中实现人生的价值。但是，如果我们的中小学老师始终处于上述生存状态的话，职业倦怠就不可避免，职业道德水平就很难提升。应该说，这样的人生，仅仅是活着而已，是非常痛苦而可怜的，甚至是非常凄惨而悲哀的，毫无幸福可言。

作为有知识、有文化、有理想、头脑清醒的人，都是要追求幸福的，希望过上幸福生活。所谓幸福是人们对自己生活满意度的一种主观感受。幸福感是由人们所具备的客观条件以及人们的需求价值等因素共同作用而产生的个体对自身存在与发展状况的一种积极心理体验。这种体验并不是某种稍纵即逝的情绪状态，而是基于主体自觉或不自觉地自我反省而获得的某种切实的、比较稳定、持久的正向心理感受。

就教师个体生命而言，教育教学活动占据了其核心部分，如果在教育教学过程中寻找不到人生的幸福，那么他就找不到人生幸福。做个幸福的教师，既是教育事业的必需，也是教师个体生命的必需。教育要向人还原，向人的生命还原，就应该让教育者和受教育者一起幸福起来。

然而，自我认同和幸福感同属人的精神世界，外在条件固然发挥一定作用，但毕竟无法外在强制，只能是内发的，只能发端于自我认同，最终达于内心幸福。所以，一方面要切实改变当前中小学教师生存的外在环境；另一方面，还是要我们中小学教师改变自身，从内心深处认同本职工作，在敬业中感悟教师幸福。

二、在爱国守法中获得教师职业的支撑

爱国守法是教师职业的基本要求。热爱祖国是每个公民也是每个教师的神圣职责和义务，体现了教师对祖国的深厚感情，是教师献身教育事业的思想基础。遵纪守法是社会向每个公民包括教师提出的基本要求，是每个人在社会生活中必须履行的义务。要实现建设社会主义法治国家的目标，需要每个社会成员知法守法，用法律来规范自己的行为，不做法律禁止的事情。所以，遵纪守法是做人起码的准则，是教师为人之本。

（一）热爱祖国是教师献身教育的思想基础

苏霍姆林斯基说："热爱祖国，这是一种最纯洁、最敏锐、最高尚、最强烈、最温柔、最有情、最温存、最严酷的感情。一个真正热爱祖国的人，在各个方面都是一个真正的人。"教师作为一个人，爱国守法是其应尽的做人本分；作为一名人民教师，要有爱国精神，要有献身祖国教育事业的崇高理想。

首先，教师应培养自己的爱国精神。教师要熟知祖国灿烂的文化与光辉历史，关心祖国的前途和命运，发自内心地尊重、热爱祖国文化知识与历史，做到"家事、国事、天下事，事事关心"；教师要坚决捍卫国家尊严，维护祖国统一；热爱人民，以百倍热诚报效人民；教师要忠诚教育事业，爱岗敬业，尽心竭力，为祖国建设贡献自己的全部力量。

同时，教师要对学生进行爱国主义教育，培养学生的爱国情操。培养学生对祖国的历史、文化的认同感，引导学生热爱祖国的锦绣河山、国旗、国徽、国歌，热爱祖国的光辉历史和灿烂文化；教育学生时刻牢记自己是中国人，是炎黄子孙，自觉维护祖国的独立和统一，捍卫民族尊严，坚决同分裂祖国、损害民族尊严、丧权辱国的行为做斗争；教育学生关心国家大事，了解国家政策方针，关心祖国的前途和命运；对学生进行民族团结教育，教育学生与任何形式下的民族分裂行为做斗争；使学生懂得爱国主义是与国际主义紧密相关的；教育学生懂得爱国要从小事做起，从身边做起，为实现国强民富贡献自己的力量。

教师要有爱国之情、报国之志、效国之行。

爱国思想是一种精神支柱，是一种动力源泉。一个教师只有有对祖国的爱，才能把个人的命运同国家前途和命运统一起来，才能充分认识到祖国的存在和发展是个人存在和发展的前提，祖国的命运和个人的命运有着血肉一般不可分割的关系。

（二）依法执教是教师行为规范化、有序化的必需

改革开放以来，我国教育法律法规建设有了非常重大的进展，取得了很大成就，为我国教育改革和发展奠定了较好的法律基础，使我国教育在法制化的轨道上迈出了可喜的步伐。我国现行的教育法律主要有《中华人民共和国宪

法》（以下简称《宪法》）《教育法》《义务教育法》《教师法》《中华人民共和国青少年保护法》《未成年人保护条例》等。此外，还有教育部门规章，如《〈教师资格条例〉实施办法》《中小学教师继续教育规定》《中小学校长培训规定》《中小学德育工作规程》《中小学幼儿园安全管理办法》《中小学校园环境管理的暂行规定》《中小学卫生保健机构的工作规程》等。教师对这些法律法规应该多学习、多了解，做到知法懂法。另外，在实践中要自觉坚持和维护教育法律法规。

教师要认真学习和领会我国当代有关教育改革和发展的法律法规，明确作为一个教师应当依法承担的权利和义务，增强依法执教的责任意识，知道不履行或违背教育法律法规教师应承担什么责任。认真学习和领会教育法律法规才能知法、懂法，才能发现和辨别什么是合法的，什么是违法的，才能运用法律法规准绳较好地处理和解决教育过程中涉及的各种法律问题。

另外，要从法律的角度来认识和理解我们党和国家的教育方针政策，把全面贯彻党和国家的各项方针政策提到法律的高度来认识。作为一名教师，坚持和维护教育法律法规，还要把坚持正确的职业行为方向与依法执教结合起来，在教育教学中自觉同党和国家的方针政策保持一致。

依法执教还应体现在依据法律法规来维护和保护教育对象的合法权益上。近年见诸报端的教师体罚学生事件屡见不鲜，人们惊讶于教师是人类灵魂的工程师为什么还会如此粗暴、残忍，变成摧残孩子们心灵和身体的恶魔。当然有些老师也感到委屈，“是为了学生好，是恨铁不成钢”。这除了说明师德修养不够，重要原因还在于一些教师法律意识淡薄，法律知识贫乏，不能依法执教。从某种意义上来说，教师的教育教学活动实际上就是在“执法”。因此，教师的教育教学活动一定要合法、规范、严谨，要用相关的法律法规来指导自己的教育教学实践。

三、从爱岗敬业中感悟教师幸福

在第 30 个教师节之际，习近平总书记站在塑造灵魂、塑造生命、塑造人，推进国家繁荣、民族振兴、教育发展的高度，突出强调了教师的重要地位和作用；深入论述了做一名好教师要有理想信念、道德情操、扎实学识和仁爱之心；深刻指出培养造就一大批一流教师、不断提高教师队伍的整体素质，是当前和今后一个时期我国教育事业发展的紧迫任务。在第27个教师节的时候，《人民教育》刊发了魏书生等七位老师写给教师的话。其中，魏老师说："我常想，人与本职工作有五种境界：无心无意、三心二意、半心半意、一心一意、舍身忘我。人幸福快乐与否，取决于自己在哪一种境界。田沛发、刘让贤等许多优秀教师，在西部、在乡村，居陋室、领低薪，他们却兴味盎然。他们的幸福在哪里，快乐在何处？幸福在一心一意，快乐在舍身忘我。他们对求之而不得的东西想得通、看得透、出得来、放得下；对自己平凡的工作想得深、看得远、进得去、拿得起。当进入一心一意、舍身忘我的境界时，再看穷乡村、破教室、泥孩子、土台子，便都成了宏大的可改变的世界。反之，在三心二意、无心无意的境界中对待自己的工作，即使他有了几亿吨黄金，当了地球的球长，甚至做了太阳系系主任，他仍然这山望着那山高，和银河系系主任比起来自觉渺小，仍然愤愤不平，经受贪欲之火的煎熬。如果我们进入了一心一意、舍身忘我的教育教学境界，灵魂不再流浪，精神不再漂泊，思想不再浮躁，于是便感觉天天都在过教师节。"

张思明老师说："身为一线教师，育人30年，我总是心存感激。我常问自己，作为教师，要在自己的教育岗位上站住脚靠什么？靠学历？靠条件？靠机遇？不！最重要的是要靠由使命感和责任感引发的内动力，为了给学生一杯有价值的'水'，自己不能只停留在曾经有过的'一桶水'，要努力开凿'一眼泉'。我从一个高中毕业生的起点开始，能走进特级教师的行列，确实有过许多困难和挑战。在多次放弃与坚持的转换中，我逐渐明白了，要想成为一个对社会有用的人，不能等待上帝的恩宠，也不要仅仅抱怨命运的不公，更不要一味期盼条件和环境的改善。要从自己做起，从身边的小事做起，从现在做起，从自己最欠缺的地方做起……教师的幸福应该是不断地被学生超越，又不断地超越自己。和学生一起战胜挑战的成长体验，是教师所应追求的职业感受。"

黄静华老师写道："当了34年的教师，做了34年的班主任，我越来越深切地体会到'老师'这个词的深刻内涵和意义。多年来，我曾和学生们一起直面精彩纷呈的生活场景。我曾经和学生们一起关注社会的热点问题，将鲜活的社会生活内容带入课堂，把爱事业、爱祖国的深情传递给学生，引导学生用'心'去体验并感悟人生真谛，发现人性中一切美好品质：热情，理智，善良，真诚，宽容……我努力与学生一起在社会大课堂里学做真人。多年来，我和学生一样在学习中成长，完成了本科和研究生课程的学习，根据学生需求不断调整自己。我拜学生为师，学电脑，学上网，学外语……静心反思工作中的得失，写下一篇篇教育随笔……我知道，只有不倦地学习，才能真正与时俱进、与学生俱进。学做真人、探求真知是终生的，我将永远与学生一起前行!”①

以上是几位名师对教师幸福的体会和感悟，也使我们深受启发和鼓舞。在市场经济条件下，追求财富的最大化是不可能的，但追求幸福的最大化却是可能的。如果教师将工作看作是苦役，没有体验到美感和喜悦，没有体验到成功和幸福，那么，他就总会有一种失落感和挫败感。如果教师能够抛开功利主义等诸多人为因素的干扰，做到在逆境中升华，在现实中超越自己，就不会把日常工作看成是难以承担的重任，不会把教书看成单纯谋生的手段，他才能体会到教育人生的幸福与快乐。那么，我们到底应该怎样认识教师的幸福呢?

（一）现代教师幸福的特点

所谓教师的幸福就是一种教师工作、生活的快乐阈值，横坐标是教师以职业生涯为承载的生命经历，纵坐标则是教师在每一个具体的工作行为中体验到的快乐程度。纵横所得的快乐指数越高，那他感受人生的幸福程度就越高。所以，归根到底，教师的幸福还是要靠自己去寻找、感受和体验。国家、社会乃至学校、校长，能给予我们的也是有限的，能为我们改善的，也只能慢慢来。怨天尤人、痛不欲生，往往于事无补，还会适得其反。乐观的精神、宽容的情怀、畅达的心境，是获得人生幸福的基础。培根说：“人人都可以成为自己的幸运的建筑师。”② 这幸运就是幸福的命运，包含平凡生活的快乐指数。那么，教师的幸福具有什么特征呢?

1. 教师幸福的精神性

教师幸福的精神性首先表现为劳动及其报酬的精神性。这里并不是反对给教师改善生活待遇，也不是说教师只有苦而没有乐。而是说在物质待遇既定的

① 魏书生，等.写给教师［N］.人民教育，2005－10－10（17）.

② 培根．培根论说文集［M］．北京：燕山出版社，2008：112.

情况下，教师生活有恬淡人生、超脱潇洒——或者说有“雅”的一面。卢梭曾经说过这样的话：“有些职业是这样的高尚，以致一个人如果是为了金钱而从事这些职业的话，就不能不说他不配这些职业……教师所从事的，就是这样的职业。”

教师在自己的职业生涯中所得到的报酬，实际上也的确不止于物质生活。学生道德的成长与学业进步，进而对社会做出贡献，都是教师生命意义的确证。师生之间在课业授受和道德人生上的精神交流、情感融通都是其他职业所难以得到的享受。教育主体只有充分认识这一精神性质才能发现包围自己的人生诗意。

古希腊著名的大教育家苏格拉底从不为钱而教，他也从来没有索取过金钱的报酬，粗茶淡饭、衣衫褴褛、形同乞丐，他却感到精神异常富有、生活极为充实，因为他是在为雅典人的利益而教。苏格拉底坚持教育可以使人善良，把教师放在建立一个美好社会的中心地位。他自己则致力于关于寻求普遍知识的方法的研究与实践。他的“精神助产术”充分显示出他认为教师的任务不是传递知识，而是做学生思想的“产婆”，这是一种理智的助产。理智助产之所以是伟大而高贵的工作，是因为它是帮助他人从事心灵的生育，这是使一个生物人向社会人转化的过程，是使一个可能的人向现实的人转变的过程。正是在教师手中，一个新的富有思想和智慧的生命又一次诞生，这个世界便因此而增添了一份美丽。苏格拉底把教师的这种工作视为人生最大的快乐。不厌其烦地寻根究底，矢志不渝的伦理关怀成为他的基本生活方式。

《孟子·尽心章句上》中说：“君子有三乐：父母俱存，兄弟无故，一乐也；仰不愧于天，俯不怍于人，二乐也；得天下英才而教育之，三乐也。”孟子将“得天下英才而教育之”与“父母俱存，兄弟无故”的天伦之乐、“仰不愧于天，俯不怍于人”的德行生活之乐并列，而称之为“三乐”，表明孟子作为人师对自己职业重要性的充分肯定；同时，这一肯定中也明显含有对教育劳动的精神审美意蕴。的确，“教师只有摆脱了职业感的束缚，不把教当成谋生的手段，而是出乎自己的需要，像孟子那样以得天下英才而教育之为乐，那么他才能在教的活动中自由地、有创造性地发挥自己全部的才能和力量……只有教学双方在互动之中都抛弃一切世俗的外在的各种顾忌，沉浸在艺术的创造过程中，才能达到‘孔颜乐教’的境界。”

2. 教师幸福的给予性

教师幸福的特点之一就是给予性与被给予性。这一特征的表现有两方面。其一，学校教育中教师的使命是给予而非索取。这只要对比一下一般的“师徒”关系与“师生”关系在性质上的区别即可。师徒关系中，无论是教授武功的师傅，还是手工艺方面的师傅，总是要在教授一些内容的同时，保留一些绝活的秘密，非嫡亲者不予传授——这是他们保护自己生存的必需。而学校中的教师却希望倾其所有无条件地教育学生。作为人梯，所有的教师都希望自己的学生有卓越的表现——最好能够超过自己，因而在育人的过程中可以做到毫无保留地给予。其二，教育劳动的成果必须建立在交流之上，必须通过对方才能肯定自身——即教师的幸福是被给予的。教师只有全身心地将自己对学生的热爱给予学生，才能建立真正的“主体际性”，才能进行有效的工作。教师也只有进行了富于热情和智慧的给予才能从自己的教育对象身上看到自己的劳动成果，进而实现精神享用——体验幸福。当然被给予也包括那种直接来自于学生的积极反馈。教师幸福的给予性本身倒过来也能够说明为什么教师的幸福是一种精神性的“雅福”，因为他超越了一己之私。正因为这样，教师职业活动和幸福感受都是紧紧围绕着教育对象而实现的。

学生的成长并不是对教师生命的剥夺，它是教师价值的实现、生命的肯定。还有什么东西比自我生命的增值更让人感到幸福的事呢？还有什么比看到自己的学生茁壮成长更让教师幸福的呢？

一旦教师从职业中体验到了自由和幸福，他就把原本陌生于人的外在世界转换成了属于自我的生活世界，他与职业之间就建立起活泼、丰富的联系，他就会感受到生活的完满和意义的充盈，教师职业便成为他生活中的一个不可分割无法舍弃的部分，成为他的又一生命。

全国模范班主任魏书生老师说，我多次和青年老师谈心：“每个月给你的工资不变，面前放着两副工作担子，一副100斤，一副200斤，你挑哪一副占便宜？”有的青年教师说：“当然挑100斤占便宜。”我问：“为什么？”答案是省了力气。我觉得不少青年人能力差，工作平平，原因恰在这个观念上，工作挑轻的，力气是省了，增长力气的机会也放过了。

人的能力强是工作多逼出来的，铁肩膀是担子重压出来的。有的青年教师推卸掉了领导让他担任班主任的担子，自以为是占了便宜，实质是把机会、把能力推出去了，把自己变得无能力。另一部分青年教师抢挑重担，抢着当班主任，抢着当比较乱的班级的班主任，他便抢到了一个增长能力、锻炼自己、显示自己才干的舞台。在这个舞台上，他开始的表现不会很出色，但随着实践机会的增加和学习的深入，他定能成长为成熟的班主任，一定会具备驾轻就熟管理班级的能力。

为了适应明天的需要，我们今天就该储备能力，增长能力，而增长能力的有效途径便是多抢挑重担，少推卸责任。即使不是为了明天，仅仅为了使我们今天活得有价值，活得少一点懊悔、多一份自豪，我们也该多抢挑重担，少推卸责任。聪明的人，总把事情想得比别人早一步；杰出的人，总比别人早迈出这一步。

3. 教师幸福的集体性

教育劳动的特点之一是它的集体幸福与个人幸福的统一的集体性质。任何一个学生都是教师集体劳动的结果，也是学生集体劳动的结果。因此，教师的幸福及其体验既具有一般幸福所具有的个体性，更具有集体的性质。

一个人成长是许多不同学段、不同学科的教师合作的结果。对于任何一个学生的发展来说，任何一个教师的劳动都只是为这棵幼苗的茁壮培了一把土、浇了一瓢水。每个阶段教师所面对的学生几乎都是前一个阶段教师劳动的产物。只有与其他教师合作，每个教师才可能“使自己本身的成就辉煌起来，同时，使整个集体的成就也辉煌起来”。一般说来，教师在教育工作中至少直接存在这样四种合作关系，即教师个体与学生个体之间、教师个体与教师集体之间、教师个体与学生集体之间、教师集体与学生集体之间的合作关系。一个优秀的学生，我们可以说是某某老师的学生，也可以说是某某学校、某某班级的学生。因此，教师的幸福具有合作与共享性，也具有超越性。说共享性是指属于一个集体的成员都可以享用同一个幸福；说超越性，是指教师由于劳动的集体性质，必然具有与人积极合作而不是恶性竞争的特点。因此，教师的幸福建立在超越个人打算或个体利益计较的基础之上，教师的劳动与幸福都具有在境界上相对崇高的特征。

4. 教师幸福的无限性

教师的幸福具有效果上的无限性，表现在时间和空间两个维度上。时间上，教师对学生在人格与课业上的影响具有终身性质，通过学生的成长，使得教师的劳动与生生不息的人类文明联系在一起。因此教师所收获的幸福也是超越时间限制的。一个教师即使退休了，或者停止了作为教师的职业生涯，也丝毫不妨碍其学生对他的永远的尊敬，不影响他本人对所从事过的这一事业以及所取得过的劳动成果的美好回忆。空间上，由于教师的劳动产品与社会网络联系起来，教师的劳动成果就远不会局限于某一个校园之内。一代一代的伟人、一代一代的普通劳动者都是由于教师的劳动而对世界的进步做出伟大的贡献的。教师因而可以通过自己的劳动对整个世界的影响而理解自己工作的意义，体会自己的成功。所以教师的幸福具有空间上的无限性。

因而，教师职业绝不是照亮别人却毁灭自己的“蜡烛”，而是促使自我不断进步的动力源泉。教师从职业中体验着创造性的工作所带来的充实与幸福，实现着人生价值的永存和人格的升华。教师不是“苦行僧”，而是安贫乐道的积极进取者、美好生活的创造者。教师在职业活动中培养着懂得如何生活和如何享受人生的年青一代。教师在创造精神生命的工作中发现了美，创造了美，也延续了美。

（二）爱岗敬业是教师幸福的前提与基础

爱岗敬业是教师对待本职工作的基本品质，是教师从思想上认识到自己职业的神圣使命，从而发自内心地热爱自己所从事的职业，并且愿意为自己从事的职业勤勤恳恳，任劳任怨，做出贡献。爱岗敬业是从事教师职业、做好教师工作、体验教师幸福的前提与基础。

那么，为什么说爱岗敬业是教师幸福的前提和基础呢？

1. 只有爱岗敬业，教师工作才能有动力

有个事实不得不承认：教育工作是辛苦的，教师每天都进行着大量的、平凡的、琐碎的且日复一日、年复一年的工作，备课、上课、课外辅导、作业批改、考试、班级管理……重复性劳动单调而缺乏新鲜感、挑战性。而且，实事求是地讲，目前教师工作压力很大，职业紧张度够高，而社会地位和经济待遇又不是很理想，所以很容易产生职业倦怠。是的，选择了教师这一职业，就意味着终身与奉献和牺牲为伴，陶行知先生的“捧着一颗心来，不带半根草去”就是教师奉献与牺牲精神的真实写照。教育工作是一种极其艰苦的呕心沥血的劳动，只有情志专一、艰苦奋斗，才能承担这一重大社会责任，终生不渝地献身于这一事业。“安贫守志”更是教师不可缺少的崇高品格。

朱永新教授曾说过两类教师，一类是“为生存而教育”，一类是“为教育而生存”；李金池先生把教师分为事业型教师、职业型教师和雇用型教师三类；顾明远先生认为教师讲课有深入深出者、深入浅出者、浅入浅出者、浅入深出者；著名作家毛志成先生说教师有大教师、教书匠、以教谋生者、因教误人者、恶教师。其中大教师是以“传道、授业、解惑”为人生之乐的教育家。

如果一位教师把学校仅当作谋求生存的场所，把教书仅当作养家糊口的手段，而得不到内心的认同与平衡，那么他就把自己也塑造成了一台机器，只知日复一日、年复一年机械地重复自己的工作，例行公事，敷衍塞责，做一天和尚撞一天钟。他的生命内涵日益贫乏，生存品质日益下降，不仅容易在教育工作中迷失自我，也大大降低了职业幸福的可能，失去了精神的支点。而当教师把岗位职责当成积极情感体验的对象，把教育事业当成教师的精神寄托，把学校教育工作的开展、国家教育事业的兴旺和祖国的前途、自身的命运紧密相连时，他会因自己的道德理想的体现或实现而感到兴奋、骄傲和幸福，他自然而然会体验到工作中的乐趣，即使有苦有酸有辣，也会在强大的精神力量支配下找到生命的依托，找到人生价值实现的动力，并在这种实现中体验巨大的满足。

2. 只有爱岗敬业，教师才能不断提升自身素质

教育是一种专业性很强的活动，对教师的素质有很高、很严格的要求，特别是在教师专业化的今天，那种认为教师职业人人可为、人人能为的时代一去不返了。今天的教师，应该具有坚定的专业理想、丰富合理的专业知识结构，全面娴熟的专业能力、良好的身心素养……高素质性是今天的教师区别于古代教师的特点之一，而高素质的获得要求教师不断完善，通过各种途径提升自己。那么，教师不断完善、提升自我的动力何在呢？就是来自教师对教育活动的客观要求与自身素质水平之间矛盾的深刻认识，来自解决这一矛盾的不懈追求，来自深层次的爱岗敬业的精神。

有了爱岗敬业的精神，教师就能对自身素质水平有理性的评价，就能对社会与教育发展对教师素质提出的挑战有清醒认识，从而不断提升自己，在业务上不断精进，使自身素质与教育事业和教育工作的客观要求不断接近，以便能

够更好地适应本职工作、更出色地完成教育任务。假如教师缺乏敬业精神，很难想象他会在完善自我方面有自觉的努力，也就很难期望他在工作上有令人满意的表现了。

3. 只有爱岗敬业，教师才能处理好各种关系

教育是一种复杂的社会性劳动，教师要面对复杂的社会关系，处理千差万别的矛盾冲突，这是完成教育任务的必备前提。尤其在今天，教育已经成为一个开放的大系统，教师要想取得工作成就，必须有社会的理解、同事的帮助、家长的配合、学生的支持。如何处理好纷繁复杂的关系？如何尽最大可能形成教育的一致性和网络性？爱岗敬业精神从中发挥着重大作用。

首先，教师的爱岗敬业精神可以感染同事，并积极主动地与同侪群体合作，大家同心同德、群策群力完成教育任务；其次，教师爱岗敬业可以感染家长，在家长心目中树立权威，使家长和自己的沟通更加顺通，更容易得到家长对工作的配合；还有，教师爱岗敬业可以感染学生，在学生心目中树立积极进取、敬职负责、勤奋努力的榜样，让学生主动、自觉地按照教师引导的方向发展；最后，教师爱岗敬业可以博得社会各方面的尊重和支持，使之为教师创造更好的工作条件、工作环境，理解教师的劳动价值、认可教师的专业地位，支持和配合教师的工作。这一切，无疑都会有助于教师工作效率的提高，增强教育的效果。

（三）在爱岗敬业中感悟教师幸福

南京师范大学的杨启亮教授在一次学术报告会上说，教师的职业境界可分为四个层次：一是把教育看作是社会对教师角色的规范、要求；二是把教育看作是出于职业责任的活动；三是把教育看作是出于职业良心的活动；四是把教育活动当作幸福体验。他认为，前两个境界是一种“他律”的取向，后两者是“自律”取向，并建议教师实现从“他律”到“自律”的转变。显然，教师的最高境界是把教育当作幸福的活动。也可以这么说，作为一个教师所追求的职业目标应该是，做一个幸福的教师或者幸福地做一个教师。

那么，怎么样才能做一个幸福的教师或者幸福地做一个教师呢？

教师的幸福是什么？幸福是一种自我感受，是对教育中生存状态的一种高级的、愉悦的情感体验。教师的幸福是一种精神享受。教师的幸福来源于奉

献，教师的幸福来源于创造。

1. 教师的幸福来源于无私奉献

日本著名教育家小原国芳说过：教育是没有物质实惠的神圣事业，有物质欲望的人压根儿就不能成为教育者。教师的工作是清苦的，既无显赫的地位，也没有丰厚的物质待遇。教师的工作是平凡的，没有轰轰烈烈、动人心魄的大场面，也没有举世皆知的辉煌业绩。教师的劳动没有严格的时空界限，课上课下，白天夜晚，总是默默地向学生倾洒着心血和汗水。可以说，选择了教师这一职业，就意味着选择了吃苦。

当然，教育事业是一项永恒性的事业。不论社会如何变化，教师都应具有"超越"时代的不变的价值，即永恒的价值，甘于奉献的无私忘我精神。苏霍姆林斯基说过："一位教师只有把为别人做出贡献视为自己的最高享受，他才能成为共产主义信念的真正培养者。一个人为他人而奉献出自己的精神力量，并由此享受到高尚的、无私的欢乐——这种榜样是照耀青年一代生活道路的强大光源。"教师在物质上也许是清贫的，但在精神上是富有的，老师拥有教不完的学生，当他们自觉地将自己的全部精力和感情投入教育事业中并为之奋斗时，他从中体味到的是学生成长的快乐，是享有"桃李满天下"的幸福。他在追求社会价值的过程中找到个人的幸福与快乐，实现人生的真正价值。

被周总理称为"国宝教师"的霍懋征，在小学教师的岗位上一干就是六十年。霍懋征老师为什么能六十年如一日无怨无悔地奉献教育？

首先，来自于她对教师这一职业价值的深刻认识："教师是一种职业，但在我眼里更是一项事业。这种观念在我的脑子里越来越清晰。"霍懋征认为，小学教育是启蒙教育，是一个人一生中最重要的教育。基础打好了，才能盖起高楼大厦。当记者问起霍老师做了一辈子小学教师，放弃了那么多"高升"的机会，后悔不后悔时，霍老师坚定地说："不后悔，因为我喜欢小孩子。"这是多么朴素、坚定而又充分的理由！

其次，来自于她对教育事业和学生的爱。霍懋征认为，一位优秀的教师，最重要的素质就是"爱这个事业"。教育是一项事业，不是一种职业，要有很强的事业心和责任心。"没有教不好的学生，只有不会教的教师。""好教师的标准"，在霍懋征看来，只有深沉的四个字："敬业""爱生"。

再次，来自于她对教师这一职业自觉地克服困难，排除障碍而进行行为抉择的力量和坚持精神。霍懋征一生扑在基础教育事业上，经历几番打击都未放弃：1962 年 6 月，霍老师正在给学生上课时，二女儿病逝；1966 年 6 月，她被打成“资产阶级反动学术权威”，不能回家，孩子们丢在家里无人照管，13 岁的儿子被人轧死，15 岁的小女儿吓傻了；在一年零九个月的“牛棚”生活后，她没有屈服，依然坚持着基础教育事业。组织上希望她能出任北京市实验二小校长，霍懋征的态度无比坚决：“不！我的生命在课堂上，我的事业在课堂上，我要重新回到课堂中去，而且，我要教语文。”

从“职业”到“事业”，这也许是一位优秀教师的必经之路。对一个人来说，最重要的支撑就是信念的支撑。也只有这样的支撑，一个人才能在自己选择的区域内排除万难取得成就，忠诚地履行自己教书育人的道德义务。

这是霍懋征的座右铭：“当教师是最辛苦的，但也是最光荣的、最幸福的。当你的学生一批又一批地成为国家栋梁之材的时候，你获得的欣慰是任何人也理解不了的。”霍懋征对自己从事基础教育工作六十年感到无悔。1993 年，在人民大会堂召开的“霍懋征从教 50 周年研讨会”上，霍懋征老人将自己的感受归结为六个字：光荣、艰巨、幸福。她说：“做一名教师实在是一件非常幸福的事情。”这也是霍懋征优秀的个体道德品质最充分的体现。

2. 教师的幸福来源于淡泊名利

教师工作清贫而艰苦，从业者奉献多而获取少，所以，在公私义利关系方面最能检验和体现教师的敬业精神，应该说，教师是一份淡泊名利的职业。但是，教师工作中也不是没有名利可争：从评先进到评职称，从生源到教师搭配，从学生成绩到教师考核……一桩桩一件件，都可以让一些教师暂时失去平和的心态，失去原则，甚至失去理智。无疑，那些不求闻达、不慕名利、不谋富贵、甘为人梯、志存高远的教师具有崇高而伟大的敬业精神。相反，那些一事当前“利”字当头、斤斤计较、只关心个人名利得失、不肯奉献只问索取的人，是没有资格谈论什么敬业精神的。

人活在世界上，最重要的不是金钱，不是权力，不是地位，而是心态。具有一颗淡泊名利的平常心意味着具有“闪光的智慧”。做一个与成功有约、与幸福有缘的人，是每个人的正常心理向往，身为教师，其职业的特点决定了教师就要有淡泊名利的情怀和平常心。教师教书育人的社会功效是潜在的，并不像农民种田、工人挖煤、演员登台等功效立竿见影；教师职业与歌星、影星等职业的收入相差甚远，荣誉也相对较少。我们如果能够心平气和地看待自己的职业、自己的工作，心态就会坦然。否则，心态就会失衡，既不利于自己的心理健康，又对教育教学不利。对工作中的名利荣誉趋之若鹜，得到则欣喜若狂，得不到就失落，这样的教师心态常常在不平衡中波荡，永远也体会不到教书育人的乐趣，反而把自己搞得疲惫不堪、心生倦怠。

3. 教师的幸福来源于不断进取

大教育家孔子一生热爱学生，忠于教职，在教育这片芳草地上辛苦耕耘，硕果累累，“孔子以诗书礼乐教弟子，盖三千焉，身通六艺者七十有二人”（《史记·孔子世家》）。孔子把“学而不厌”和“诲人不倦”联系起来，把“学而不厌”作为“诲人不倦”的前提。孔子所讲的“学而不厌，诲人不倦”（《论语·述而》）包括两层意思。一是对教师自己，为了教育好学生，就应该不断地学习，获得新知，努力提高业务水平，活到老，学到老，这是典型的终身教育思想；二是对学生，要把自己的全部知识毫无保留地传授给他们，并不知疲倦地为他们工作。孔子所提倡并身体力行的这种“学而不厌，诲人不倦”的工作态度，堪称“万事师表”，后世楷模，即便在今天也是极为难能可贵的，值得大力赞扬。

在今天，“学而不厌，诲人不倦”，其内涵是要求教师严格要求自己，努力培养育人的责任感和使命感，勤奋好学，辛勤育人。一方面，对自身发展有不断的追求，在业务上精益求精，以高度的奉献精神对待利益得失和工作中的挫折，师道不殆，活到老，学到老；另一方面，要求教师正确理解和对待学生在发展中的问题，了解学生的发展特点，有充分的耐心和坚强的毅力对待学生发展过程中的反复，对每一个学生的发展负责，持之以恒，不厌其烦。可以说，“学而不厌，诲人不倦”是教师一种最基本的工作态度，有了“学而不厌”，教师才有“诲人不倦”的资本，有了“诲人不倦”，教师才有了工作中的耐心与幸福。

陶行知说：“要想学生好学，必须先生好学。唯有学而不厌的教师才能教出学而不厌的学生。”“惟其学而不厌，才能诲人不倦。如果天天卖旧货，索然无味，要想教师生活不感到疲倦是很困难的。”“教师天天学习，才能常教常新，有教学之乐而无教学之苦，从而达到诲人不倦的境界。”

4. 教师的幸福来源于勇于创新

教师的教育教学过程从本质上讲，是一个不断创新和创造的过程，教师每一天创造着一个个生动活泼的教育场景，面对每一个富有个性的孩子，他巧妙地施展因材施教的艺术，使自卑的心灵自信起来，使懦弱的性格阳光起来，使狭隘的心胸开阔起来，使迷茫的眼睛光明起来。教师则从中不断地体会着满足与快乐。教师还要每天用自己的智慧创造着课程，把“干瘪”的教材丰盈起来，把抽象的教材生动起来，使统一的教材鲜活起来。当他们在课堂上神采飞扬、诗情洋溢时，教学方法的更新，教学效果的突破，都能给自己带来成就感，令自己幸福不已。当教师面对一个个鲜活的生命个体传递爱与自信，以自己的真情滋润着学生的心灵时，作为教师伴随着热情和激动，感受着幸福，体会着幸福。相反，一个故步自封、墨守成规的人，每天都是机械地重复，工作于他等于没有刑期的劳役，那么，他体验到的就只有痛苦和绝望。所以，有人说过这么一句话：“只有用创造的态度去对待工作，才能在完整意义上懂得工作的意义和享受工作的快乐。”

5. 教师的幸福来源于学生成长

学生活泼、健康、全面地成长、发展是教师劳动的根本指向，也是教师幸福感的源泉。全国特级教师张学钊老师说：“教师最大的快乐就是创造出值得自己崇拜的学生，教师的成功就在于让更多的学生超过自己。”对教师而言，学生的成长进步，就是他们辛勤劳动的最好回报，也是他们全部付出的价值所在，更是他们最大的快乐与幸福。学生是教师幸福的源泉。学生快乐成长的过程正是教师生命增值的过程，是教师灵魂的延续，是教师价值的实现，是对教师生命的肯定。法国作家雨果说过：“生活中最大的幸福是坚信有人爱我们。”教师由于自己的付出，能够得到爱的回报，这就是教师拥有的最大的幸福。

全国师德标兵黄静华曾经深有体会地说：“33 年的班主任工作，让我懂得了什么是真正的爱，什么是真正的美，什么是真正的幸福！教育工作是一项幸福的事业，我们的幸福来自于学生。有一年年底，我感冒发烧，但医生误诊通知我立即住院，我的学生听说后都急哭了。傍晚，全班 50 个孩子谁也不愿回家。没有人讲话，没有人做作业，大家都静静地坐在教室里，焦急地等待消息。六点多钟，我回到了学校。当班长冲进教室，向大家报告‘黄老师一切平安’的好消息时，同学们都欢呼起来。第二天，孩子们自发组织的‘师生情’主题班会召开了。在‘祝你平安’的歌声中，孩子们把一束象征着纯洁、健康、幸福的百合花和一张有全班同学签名的贺卡送到了我的手中，我激动得哭了，我又一次感受到一个教师的‘富有’和幸福。”

教师是把祖国的昨天、今天和明天连接起来的桥梁，是完善学生人格、启迪学生智慧的钥匙，教师的劳动铺就了一条学生成才之路。为了学生早日成才，优秀的教师总是呕心沥血，日复一日、年复一年地耕作，岁月消逝了他们的青春，劳累熬白了他们的鬓发。他们不企望成为显赫的名人，但当他们看到学生一批批成才时，会感到无限的喜悦。因为他们从成才的学生身上看到了祖国的未来，看到了事业的兴旺发达，看到了光辉灿烂的美好前景。

总之，时代对教育寄予厚望，对教师赋予重任，教师要以国家、社会的大业为己任，珍视自己所承担的职责，爱岗敬业，乐于为之奉献自己的宝贵年华，在平凡而重要的岗位上体验为师之快乐、教育之幸福！“忠诚于人民的教育事业，志存高远，勤恳敬业，甘为人梯，乐于奉献。对工作高度负责，认真备课上课，认真批改作业，认真辅导学生。不得敷衍塞责。”字里行间给我们提出了更高的标准。“甘为人梯”是其核心内容，是人民教师忠于党、忠于人民、忠于社会主义祖国的高尚道德境界的具体表现，是履行师德要求的思想基础和前提条件。这就是说，只有首先具备这一道德感情的信念，才能自觉履行其他师德规范，为人民教育事业尽责尽力。教师的工作是辛苦的，教师在工作岗位上不计地位、不计名誉、不计报酬、不计时间，一心扑在教育事业上，长年累月辛勤耕耘，为培育下一代呕心沥血，鞠躬尽瘁、死而后已。教师要用知识雨露浇灌幼苗使之茁壮成长；要如“春蚕”吐尽最后一口洁白明净的纤丝、一心一意为人们谋幸福；要做“红烛”将全部心血化为火焰，照亮青少年心灵的。没有责任就办不好教育，没有感情就做不好教育工作。教师应始终牢记自己的神圣职责，志存高远，把个人的成长进步同社会主义伟大事业、同祖国的繁荣富强紧密联系在一起，并在深刻的社会变革和丰富的教育实践中履行自己的光荣职责。

请思考

1. 请您从自身处境出发，谈谈当前中小学教师的生存状态。
2. 什么是教师的职业倦怠？教师职业倦怠有何表现？
3. 教师幸福的特点有哪些？
4. 您怎样理解爱国守法是教师职业的支撑？
5. 为什么说爱岗敬业是教师幸福的基础？
6. 教师幸福体现在哪些方面？
7. 下面是一位中学教师的自白，你阅读后有什么感想？

“我是某中学的一个普通教师，我的月工资2000多元，我一年的总收入是3万元左右，可不幸的是全家的经济负担基本都由我来承担。我的妻子是下岗工人没有经济收入，她又多病，每年的药费就需要1万多元，我的儿子读大学每年需要2万多元，还有家里的老母亲需要我提供生活费，因此，即使我不吃不喝，我的工资也无法承担家庭的开支。为了吃饭，为了医好妻子的病，为了给老母亲生活费……我只好利用业余时间‘走穴’兼职，赚取一些钱来解决家庭困难。我是在搞好本分工作的前提下从事业余兼职工作的，我并没有违背自己的职业道德。在日常教学工作中，我遵守规章制度，执行学校的教学计划，出色地完成教育教学的工作任务。”

第四章

关爱学生——教师职业道德的灵魂

> 你的教鞭下有瓦特，你的冷眼里有牛顿，你的讥笑中有爱迪生。你别忙着把他们赶跑。你可不要等到坐火轮、点电灯、学微积分，才认识他们是你当年的小学生。
>
> ——陶行知

教育是关乎国计民生的头等大事，是为祖国建设培养接班人，而中小学作为基础教育，又是重中之重。而在此间，中小学的师生关系则成为影响教育质量的一个重要因素。“90后”一代人是极富有个性的一代，因此师生之间的矛盾也越发突出，使中小学师生关系成为一个突出的社会问题。如果处理不当，则会成为和谐社会建设的重要隐患。

热爱学生是教师职业道德的基本要求，是教师应该具备的道德品质，也是构建良好师生关系的前提。苏联教育家赞可夫说过：“当教师必不可少的，甚至几乎是最主要的品质，就是热爱儿童。”师爱是人类最美好、最圣洁的感情之一，也是教师热爱教育事业的具体表现。古往今来，师爱在教育中成功的范例不可胜数。现代心理学研究也一再表明：师爱是教育成功的关键因素。如果没有爱，教育在开始的时候，就已经结束了。没有爱就没有教育，爱是教育的灵魂，关爱学生是师德修养的灵魂。

然而，当前令教育工作者最费解的一个问题是，为什么爱的“付出”没有换来爱的“回报”？我们到底应该怎样爱学生？学生究竟喜欢什么样的老师？面对教育过程中不可避免的师生冲突，教师应该怎样运用教育智慧加以化解并达到教育目的？

☞ **报道1：** 2008年10月4日，是朔州二中高一开学的日期，按照学校规定，晚上7时的晚自习是学生们到校后上的第一节课。高一0816班的班主任郝旭东老师早早就来到了教室里。为了省路费，他在放假期间没有回静乐老家去看望父母。这是他参加工作的第一个月，在此之前，他以第一名的成绩考取了这所民办学校的老师。晚7时30分左右，他轻轻地走到班长跟前，询问班费的收缴情况。当被告知有两名同学还没有缴，其中包括李明（化名）时，他抬起目光望向李明。李明正在座位上悠闲地抽着烟，烟盒放在桌子上。对这名学生，郝旭东很是无奈。不好管也得管。他轻轻地走到李明面前，从他的手中拿走了烟蒂，把烟盒交给班长保管。然后继续走动着巡视，丝毫没有意识到危险正向他逼近。7时44分，郝旭东走到了李明的座位旁，李明突然站了起来，手中拿着一把弹簧刀，猛地刺向郝旭东的腹部。郝旭东忍着剧痛，捂着流血的肚子向讲台方向退去，但李明并没有就此罢手，他追上前去，将正向前门挣扎的郝旭东一把搂住脖子，右手持刀再次向郝旭东老师刺去，直到郝旭东倒在血泊中……

☞ **报道2：** 在失踪两天后，浙江丽水市缙云县盘溪中学31岁女教师潘伟仙的遗体在县城附近的一座山上被找到，而杀害她的竟然是她的学生丁某。10月21日中午，因为学生丁某前一天逃课，潘老师找他谈话，丁回答说是上网去了。潘老师本想给丁某的家长打电话，但没联系上，只好中午带着他去做家访。下午2点25分，丁某从校外回到教室，有老师问他，潘老师怎么没一起回来？丁某回答说，他俩在校门口就分开了。直到晚自习课时间，潘老师一直没有出现。第二天，学校发现潘老师手机关机，住处无人，遂向警方报案。当晚10点左右，警方在一座山上找到潘老师的尸体。而犯罪嫌疑人就是她的学生丁某。据丁某交代，他借口父母不在家，而爷爷奶奶在山上干活，将潘老师骗到山上后掐死……

☞ **报道3：** 10月28日18点43分，政法大学昌平校园内法学院教师程春明正准备上课时，政治与公共管理学院2005级学生付某突然闯进教室，使用利器袭击程老师，造成其重伤，经抢救无效不幸身亡。

时至今日，老师们也许还没有忘记发生在2008年10月的连续三起弑师案。短短30天之内，初中、高中、大学三个学段的三位老师死在自己学生的手上，令人不寒而栗。震惊之余，网络和媒体上再一次掀起对“教育短板”“教育之病”“师生关系恶化”等问题的大讨论。

一、师生关系的现状调查及不良表现

（一）武汉市教育局、武汉市教科院联合调查组对师生关系现状的调查

该调查组曾在全武汉市开展了师生关系现状的调查。本次调查围绕“学生喜欢和需要什么样的教师”“教师怎样认识现在的学生”两大问题来进行。调查涉及10个新老城区和大单位的21所学校（其中高中5所、初中7所、小学9所），注意了示范学校、合格学校、薄弱学校，中心城区学校、典型农村学校、城郊边际学校的代表性。调查对象共计3677人，其中学生2523人（中学生1533人、小学生990人）、教师597人、家长557人。调查采用问卷调查法、个别访谈法和座谈调查法相结合的方法进行。现将调查结果报告如下。

调查结果表明，武汉市中小学师生对当前的师生关系状况总的来说是满意的，在回答这一问题时，认为满意（包括很满意和较满意）的中小学生数为1533人，占总数的53.5%。而教师在回答“你和班上学生的关系”问题时，觉得“很融洽”和“较融洽”的为546人，占总数的91.5%。这表明武汉市中小学师生关系总体来说是好的和比较好的，体现了我国尊师爱生的优良传统，符合我国社会主义性质的社会关系的基本要求。同时，我们也应看到，伴随着我国改革开放的扩大与深化以及信息化社会的到来，当代社会呈现出多元文化与价值观念的交汇与碰撞，从而导致当代中小学教师与学生的师生观念和师生关系也发生了一定范围与程度的明显变化。问卷显示，对当前的师生关系学生觉得总体上不满意（包括不满意和很不满意）的为285人，占总数的11.3%；还有802人认为“还可以”“凑合”，占总数的31.8%。而教师感到与班上学生的关系“一般”的为32人，占总数的5.4%；感到“紧张”的人数为11人，占总数的1.8%。这说明武汉市当前的师生关系还存在一定问题，应该引起高度重视。从访谈中，我们了解到师生的教学负担超载、心理压力过

重、情感交流困难的倾向普遍存在，教师教育、教学与管理的方式、方法欠妥当的问题也不容忽视。归纳起来有以下四个特点。

1. 教育民主与平等的意识在师生工作关系中逐步树立，但是师生良好工作关系建立的决定性因素——教师的教育素养和教育水平有待进一步提高

对学生调查问卷分析，中学生在回答“当你与老师意见不一致或发生矛盾时，你一般会用什么方式解决”的问题时，选择“希望老师能找自己谈谈”的人数最多，为857人，占中学生的55.3%；小学生在回答“你喜欢权威式的老师，还是喜欢朋友式的老师”的问题中，选择“朋友式的老师：希望老师多跟我们平等协商，互相合作”的人数是764人，占小学生的77.2%，明显高于选择“权威式的老师：希望老师说了算”的人数（145人）和比率（占小学生的14.6%）。而教师在回答“判断题”时，赞成“教师犯了错误时，也应该承认并对学生说‘对不起’”的人数为567人，占教师的95.0%；赞成“当学生遇见老师忘了问好，教师可以主动向学生问好”的人数为539人，占教师的88.8%；在回答“课堂上，你与学生通常所处的地位是怎样的”问题时，选择“共同探究，一起学习”的人数最多，达342人，占57.3%。学生在简答题中普遍认同“课上是师长，课下是朋友”的师生关系。这说明师生在工作关系中的民主平等意识普遍增强。

调查显示，中学生在回答“迄今为止在你接触过的老师中有令你敬佩、崇拜、口服心服的吗”的问题时，选择“有”的为982人，占中学生的64.1%，选择“没有”的为268人，占17.5%；在回答“迄今为止在你接触过的老师中有伤害过你的自尊、刺痛了你的心，让你感到厌恶、反感、难堪的吗”的问题时，选择“没有”的为409人，占中学生的26.7%，选择“有”的为875人，占57.1%；在回答“学习过程中，如果你遇到问题，你会与老师合作吗”的问题时，选择“教师水平差，不愿请教”的为102人，占中学生的6.7%，选择“和教师关系不好，不去请教”的为253人，占16.5%。小学生在回答“你觉得老师上课怎么样”时，选择“生动有趣，大家学有所得”的678人，占68.5%，选择“单调乏味，枯燥极了”的103人，占10.4%；在回答“同学犯了错误，老师的做法通常是怎么样的”时，选择“比较宽容，用学生能够接受的方式帮助改正，从不体罚”的683人，占69.0%，选择

“讽刺挖苦，甚至辱骂体罚”的105人，占10.6%，选择“严厉批评，但有些伤同学的自尊心”的122人，占12.3%。这些数据说明，多数教师的教育教学素养和水平是高的和比较高的，但教师的教学水平，特别是尊重学生的意识和教育艺术，包括语言艺术还亟待改进与提高。而教师也感到这个问题的存在，需要加强个人学识与人格的修养、完善与提升。他们在回答“你认为在改善师生关系上最重要的是什么”的问题时，选择“展现教师个人魅力（包括教学魅力）”的为497人，占教师数的83.2%，在回答“你觉得现在的学生难教，主要原因是什么”的问题时，选择“教师教育方式不当”的为50人，占8.4%。可见，师生良好工作关系形成的决定性因素是教师的教育教学素养与教育教学水平的提高。

2. 师生都重视建立与形成和谐的情感、态度、认同等方面的心理关系，但师生之间的心理距离，特别是教师与“问题学生”间的时空距离和心理距离有待缩短

调查结果显示，中学生在回答“你喜欢什么样的老师”的问题时，选择“耐心温和，平易近人”的951人，占62.0%，选择“热爱学生，尊重学生”的813人，占53.0%，选择“爱好广泛，幽默风趣”的881人，占57.5%；在回答“你不喜欢什么样的老师”的问题时，选择“铁石心肠，把人看死”的605人，占39.5%，选择“责骂学生，语言刻薄”的857人，占55.9%，选择“偏爱优生，偏听偏信”的764人，占49.8%，选择“喜怒无常，做事情绪化”的393人，占25.6%，选择“喜欢向家长告状”的397人，占25.9%。小学生在回答“你喜欢什么样的老师”时，选择“朋友式的老师”的826人，占83.4%，而选择“权威式的老师”的只有73人，占7.4%；选择“宽容的老师”的784人，占79.2%。从这些数据可以看出，学生十分看重并渴望师生之间建立和形成和谐的心理关系。在回答“简答”问题时，几乎都认为师生之间应该像朋友一样，互相尊重，彼此理解，不希望老师以教师的身份施压于学生。

调查中发现，学生对师生交往与沟通的现状是不满意的。在回答“老师与你一般处于什么关系状态之中”时，选择“融洽”的402人，占26.2%，选择“隔膜”的244人，占15.9%，选择“平淡”的528人，占34.4%，选择“时有矛盾”的208人，占13.6%；在回答“你喜欢的电影、电视、歌曲、

电脑游戏等，能与老师分享其中的快乐吗”的问题时，选择“能”的307人，占20.0%，选择“不能”的379人，占24.7%，选择“没有与老师聊过这类问题”的810人，占52.8%。显然，师生之间在日常生活中缺少对话交流、心理沟通，因而未能建立起相容互通的心理关系。小学生在回答“老师平时与你们的关系是怎样的”时，选择“平等相处，像朋友一样”的781人，占78.9%，选择“高高在上，不容易接近”的67人，占6.8%，选择“态度冷淡”的50人，占5.1%；在回答“课下你跟老师谈天或提问，老师的态度怎样”时，选择“总是很注意地倾听”的767人，占77.5%，选择“开始比较注意听，后来有些不耐烦”的68人，占6.9%，选择“心不在焉，不想听”的35人，占3.5%。可以看出，小学由于多方面的原因，师生之间的心理关系状况好于中学，但是从调查数据与访谈情况来看，中小学教师偏爱优秀生，厌恶“问题生”的现象还或多或少地存在，小学生认为老师明显喜欢和偏袒成绩好的学生的人数有127人和180人，分别占12.8%和18.2%；中学生认为“学习成绩的好坏会直接影响师生关系融洽”的有652人，占42.5%。而最喜欢“成绩好，头脑聪明”的教师有226人，占37.9%，令教师最头疼的学生有“成绩差、反应慢”的、“多动、爱讲话，常影响课堂纪律”的、“欺负同学，常惹事端”的、“爱说谎、欺骗老师和家长”的、“不做作业、只想着玩”的，而潜意识中多少不太喜欢这些学生的教师分别有62人、占10.4%，188人、占31.5%，223人、占37.4%，395人、占66.2%，125人、20.9%。说明教师多少与这些学生存在一定的心理距离。

在回答“心里的话愿意向谁倾诉和当遇到麻烦，首先想到找谁帮助”的问题时，教师与学生的回答反差极大。学生选择的排序：首选是朋友（占67.5%），其次是家长（占19.0%），再次是同学（占7.8%），最后才是老师（占6.1%）。而教师在回答“你的学生有些心里话，有多少人愿意对你讲”时，回答“都很乐意”的占19.4%，回答“部分学生愿意”的占67.1%，回答“很少人愿意”的占8.2%，回答“没有人愿意”的仅占1.0%。家长在回答“您的孩子是否愿意把自己的心里话跟老师说”时，选择“喜欢跟老师说”的占48.8%，选择“从不跟老师说”的占21.5%，选择“有时说”的占9.5%。表明缩短师生之间的心理距离、增强教师的亲和力十分迫切和必要。

3. 师生之间的非正式的个人交往关系在教育教学活动中的润滑作用逐步增强，但师生之间的这种个人关系的交往与发展需要适度把握

当代社会十分重视人际交往关系的作用，它常常可以影响一个人的人生道路甚至人生命运。这种社会现实也给社会化过程中的中小学生以一定的影响。因此，他们也学着进行生生之间、师生之间、朋友之间的人际交往。从此次调查中可以看出师生个人交往关系的存在与作用，中学生在回答“教师节时，有没有给现在任教的老师赠送贺卡挂历等”的问题时，回答“每年送”“从没有送过”“有时送过”的分别是181人、占11.8%，598人、占39.0%，737人、占48.1%。在回答“毕业后有没有去看望过以前的老师”的问题时，回答“常去”“没有去”“偶尔去”的人数与比率分别是104人、6.8%，616人、40.2%，811人、52.9%。从访谈调查中可知，小学生尽管年龄小，阅历浅，涉世不深，但在各种因素的影响下也有此类交往活动。而教师在回答“你在教师节最希望收到学生的礼物是什么”时，选择“真诚的问候与关心”“优秀的课堂表现和作业质量”“学生自制的小卡片或手工、书法、绘画作品”“不需要礼物”“作摆设的小工艺品”的人数和比率分别是323人、54.1%，229人、38.4%，121人、20.3%，102人、17.1%，12人、2.0%。在师生个人交往问题上也要注意适度把握，在访谈调查中，发现学生及其家长与教师交往密切，会影响对学生的教育行为，造成偏爱、偏袒行为的发生。我们不是反对师生之间个人关系的正常的理智的交往活动，而是强调这种关系应该有利于尊师重教氛围的形成、教书育人师风的弘扬和学生成人、成才、成功的引导。

4. 师生都认识到师生道德关系应该依靠师生双方的责任感和义务感来维持，但如何各自履行这种责任和义务还存在较大差异

道德关系是师生关系中的核心关系，它为其他师生关系领航与导向。学校的师生关系处理得好不好，关键在道德关系的健康发展。调查结果表明，武汉市中小学师生之间的道德关系的主流是健康的。师生双方对这种关系的感觉是满意的，都知道处理这一关系的基本原则。尊师爱生已经被广大师生所认同和接纳，成为普遍的道德风尚。中学生在回答“你一般用怎样的方式表达对老师的尊敬”时，选择“服从老师安排”“喊老师好”“帮老师做事”“节假日送小礼物”的人数与比率分别为859人、56.0%，705人、46.0%，362人、

23.6%，81人、5.3%。这说明学生的尊师行为更趋理性化，不再停留在浅层的礼仪表示上，更值得肯定的是还有占20.7%的318名学生选择了“其他”项，说明他们不满足上述的尊师方式，其认识和行为有了更大的提升。又如在回答“你觉得老师器重别人，忽视自己时，你会怎么办”时，选择“以更好的表现赢得老师重视”的人数为1178，比例高达76.8%，选择“主动找老师沟通”的550人，占35.9%。说明学生在处理师生关系时逐步成熟，渐趋理智。而小学生在回答“当老师出现错误，有同学指出，老师是什么态度”时，选择“老师能虚心接受并改正”的达831人，占83.9%。透视出我们的教师能够正确对待学生，高度尊重学生，正确对待来自于学生的批评意见。

调查显示，武汉市中小学师生的道德关系还存在一些需要引起关注和重视的问题。从中学生问卷中可以发现，学生在回答“你觉得老师器重别人、忽视自己时，你会怎么办”时，有占47.6%的729名学生会“向好友宣泄不满”，且有占35.9%的550名学生要“在班级里公开表示不满”，显示出不少的学生还不能冷静地处理师生关系中出现的矛盾，容易产生突发事件。学生在回答“你身边的老师有体罚或变相体罚学生的现象吗”的问题时，回答“有，严重”的287人，占18.7%，回答“有，但不严重”的722人，占47.1%，两项合计人数为1009人，比率高达65.8%。表明体罚或变相体罚学生的现象相当严重。在与家长、学生的座谈中也反映了不少教师“体罚”或“心罚”学生的事例。在以身作则、为人师表方面，尽管67.3%的大多数教师要求学生做到的事，自己首先做到，能起表率作用，但仍有23.1%的教师有时做不到，还有6.6%的教师自己总是做不到。以上情况表明，加强师德建设任重道远。

（二）师生关系的总体现状

1. 师生关系冷漠

在市场经济迅速发展的情况下，师生之间缺乏更深入的理解、沟通和合作，师生之间很难成为亲密的朋友，古代社会“一日为师终身为父”“师徒如父子”的亲密关系不再。有时连最基本的人际交往礼仪都没有，如师生相遇时，有意回避或互不问候，甚至视对方为路人，佯装不识，等等。教师能够成为学生知识获取的引导者，却不能成为学生心目中的朋友，教师的权威性不断受到挑战。梅贻琦先生曾说："师生犹鱼，行动犹游泳，大鱼前导，小鱼尾随，从游既久，其濡染观摩之效，不求而至，不为而成。反观今日师生关系，直一奏技者与看客之关系耳，去从游之义不綦远哉！"可悲的是，这一现象在今天仍然十分突出：现在师生之间有表演与看客的关系，有利用与被利用的关系，有改造与被改造的关系，甚至还有"大鱼吃小鱼"的关系，缺少的独独就是"从游"这种传统教育中的亲密无间的引领关系。难怪有人这样形容现在的师生关系："现在我们中小学师生关系的现状，是知识传递的渠道在拓宽，而情感沟通的大门在缩小。"

2. 师生关系不人道

在今天的学校里，老师罚学生抄课文罚抄单词已经不是什么新鲜事了，轻则几十遍，重则上百遍，几乎每个学生都受到过这样的惩罚，于是乎，这种手段仿佛也成了老师的"法宝"。其实，背后显示的却是师生关系的不人道。

师生关系的不人道表现在教师不注重尊重学生的人格，随意刺伤学生的自尊心，损害学生的尊严，破坏他们的情感，甚至歧视差生。

调查中还发现，体罚和变相体罚存在低学段高于高学段、农村学校高于城市学校的特点。学生反映教师体罚学生的手段，除罚站外还有打耳光、拧耳朵、揪鼻子、拧胳膊、打手板、用脚踹、罚蹲（有的是蹲马步）、罚跑（有的是罚在楼梯上来回跑或在操场跑圈）、罚写作业（抄课文）、罚款等不一而足。另外，还有相当多的教师经常用带侮辱性的语言伤害学生，刺伤学生自尊心，谓之"心罚"，比如，有的老师骂学生"笨得像猪一样""怎么教你都不开窍""你要是能有出息，除非太阳从西边出来"……诸如此类的话经常伴随着老师恶劣的态度，其后果只能是挫伤学生的自信心，造成他们胆小自卑或者"破罐子破摔"。

台湾著名作家三毛自杀身亡，是一场人生悲剧，令人惋惜。实际上，三毛的自杀与她少年时期在学校的一次遭遇有关。

三毛读初中时数学成绩很差，她的数学老师平时对她十分冷淡。一天三毛做不出习题，老师便把她叫到面前，当着全班同学的面说："我们班有一个同学最喜欢鸭蛋，今天我请她吃两个。"说着，就用饱蘸墨汁的毛笔在三毛眼睛周围画了两个圈，然后让三毛转过身给全班同学看。

少年三毛根本不知道如何保护自己，便顺从地转过身，全体同学顿时哄堂大笑。老师等大家笑够了以后，让三毛到教室的角落里一直站到下课。下课后，老师又罚她从有众多学生的走廊和操场上绕一周再回到教室。许多同学看到三毛的样子都尖叫起来。

三毛在学校受到莫大的精神刺激和老师的侮辱，回家后并没告诉父母，自己也没有掉眼泪。直到三天后，三毛早上去学校，在走廊上看到自己的教室时立刻昏倒了。后来，她一想到去学校，便会立刻昏倒失去知觉。从此，三毛患上了严重的心理疾病——自闭症，越来越怕接触外面的世界，害怕所有的人，她把自己封闭起来达七年之久。

近年来，由于教师体罚或变相体罚引发的教育悲剧也时常见诸报端。虽然各地相继出台文件三令五申严禁教师体罚学生，可惜的是教师体罚或变相体罚学生的现象屡禁不止，一定程度上反映出当前师生关系的非人道性严重。

3. 师生关系不平等

长期以来，社会期望教师在处理师生关系时，把家庭中的父子关系作为参照框架，所谓"师徒如父子""一日为师，终身为父"。作为"社会代表者"的教师在与学生交往时有意无意地会居以权威的架势，亮出楷模的姿态，带着长辈的口气。这种传统的师生关系模式对师生的影响是根深蒂固的，同时也被社会上相当一部分人所认同，由此引发出学校生活中师生关系严重倾斜。

尽管我们的教育改革一直宣称提倡民主平等的师生关系，强调教师要尊重学生，但由于对学生权利的蔑视，"在今天中国的教室里，坐着的是学生，站着的是先生，而在精神上，这种局面恰恰打了颠倒——站着的先生占据着至尊的地位，而坐着的学生的躯体内，却掩藏着一个战战兢兢地站着的，甚至是跪着的灵魂"。

传统教育的显著特征之一是以教师为中心。教师在学校教学和管理工作中拥有绝对权威，经常要求学生"不能……""不要……""不许……"，用教师威压或规章制度去限制学生，这种做法对于学生形成良好行为习惯，矫正不良习惯固然起到了一定的积极作用，但培养出来的学生守纪、顺从，亦步亦趋，依赖性强，独立性差，缺乏主动性、创造性。本意上，教师应当是学校教育承上启下的实施者、学生身心健康的指导者和班级活动的组织者，而目前一些学校的实际工作中，教师多是班级秩序的维护者，起到的也就是一个局域性的领导的作用，只是一个"官员"的角色。因为是"官员"，是"管理者"，"教师”这一角色也就不可避免地渗透着官本位的文化特质，教师的定位就显得柔性不足而刚性有余。

“或许，可以这样提出问题：我们究竟根据什么将‘教育’与‘摧残’‘愚弄’‘欺骗’‘宰制’‘制裁’‘灌输’‘洗脑’‘戏弄’‘麻痹’‘蒙蔽’‘操纵’‘说教’‘禁锢’‘贬抑’‘束缚’‘宣传’‘奴役’‘戕害’‘蛊惑’和‘教唆’等区分开来？而所有这些都可能以貌似教育的面目和形式广泛地存在于我们的学校之中。这其实也可见‘教育’有着何等精微的义理。我们今天的教育，把学生当成物，而不是有自由意志、有丰富明敏的内心世界、有独特判断需要与能力的活生生的人，有着把人‘物化’，把教育活动程式化和模式化的嫌疑，本该生动、鲜活、充满生机和意蕴丰赡的校园生活，特别是课堂生活变得琐屑、平庸、贫乏和沉闷。一个从小就不会用自己的头脑去判别，不会用自己的语言去表达的人，我们的确是很难指望他去开拓、去创新的。”

4. 师生关系功利色彩浓厚

在改革开放的现代社会，由于商品经济的冲击，新旧体制的转换，社会不正之风的浸染，在教育过程中往往出现一些为师不廉的现象。

近来“取消教师节”的呼声在网上颇为热烈，据说有94%的网友表示赞成。为什么要取消教师节？不少家长说，这是因为教师节已经演变成“谢师节”，家长们从贺卡、鲜花送到出国游代金券、名牌手袋，无不费尽心思，也让越来越多家长倍感烦恼。有网络调查显示，六成家长曾给老师送礼，而且幼儿园和小学，是送礼现象最严重的阶段。

广州妈妈网聚集了不少本地的年轻家长，晒礼物清单也成了最近的论坛热点。其中最引人注目的是，一位黄埔区家长说他的一位同事送了2000元，才让女儿从倒数第一排挪到倒数第二排，而且，刚开始这位家长送的1000元还被拒收，加码到2000元才成事。调查中发现，六成家长都表示给孩子老师送过礼。

记者在妈妈网上看到，月饼票、购物券、牛奶、水果、烟酒等已经是“常规项目”，还有家长送过出境游、玉镯等“重磅炸弹”。另据某网的一项调查显示，62.5%的家长选择送红包，大半家长是为了不让孩子吃亏而跟风送礼，真正出于感恩送礼的仅有5%。

类似的现象还有：用教师职业之便，以从中获取私利为目的，向学生强行推销不必要的各种所谓的试题指南、参考书和质量低劣的各种资料；直接或间接从事商业经营活动，千方百计向学生推销各种饮料食品、服装、保健品等，有的甚至把学生是否购买自己的商品或学生能否帮助自己推销商品作为评价学生好坏的标准；有的利用各种名目向学生直接或间接索要钱物，收受贿赂；有的老师上课而不教，专待课外“个别指点”收取费用；有的老师热衷于结交有权有钱的家长，你给我实惠，我给你的孩子各种方便和特殊照顾……难怪2006年11月13日《中国教育报》刊登了一篇文章《课堂是“生活家园”还是“利益战场”》，引起了社会的广泛关注和热烈讨论。一名中学生这样说：“老师变了，他们对有钱的人兴趣越来越浓，就拿我们班主任来说吧，她并没有像别的老师一样把学生当孩子看，却把学生当成摇钱树了，经常想办法多收学生的钱……这位老师还经常辱骂学生，这还是老师吗？我的思想开始动摇了，我本正直的灵魂被扭曲了。”

以上我们列举了当前师生关系不良的四种表现，作为教育工作者，我们不禁要问：我们的教师怎么了？难道师生关系也到了相互戒备抑或剑拔弩张的程度，甚至非酿成惨祸不可？难道师生关系也到了互相利用、唯利是图的程度，甚至也要钱权交易？也许我们更该反思：在眼下这种虽不具普遍性的紧张、冷漠的师生关系中，教师是否只是单纯的受害者，无须为此类事件承担任何责任？师生关系“恶化”现象谁之过？是教师道德的缺失，还是学生发展的畸形？抑或还有更广泛的社会原因？

二、师生关系不良的原因分析

（一）引发不良师生关系的直接原因

师生关系中的工作关系、心理关系、个人关系和道德关系既有融洽协调的一面，又有矛盾冲突的一面。我们应该进行科学的分析研究。正如上海市教科院副院长顾泠沅教授所说，现在，我们中小学师生关系的状况，用一句话来概括，就是知识传递的渠道在拓宽，情感沟通的大门在缩小。这一概括是十分准确而生动的，可谓一语中的。初步分析，引起师生之间关系紧张、矛盾冲突问题的主要原因，有如下五点。

1. 由于教师不喜爱学生所造成的紧张关系

我们知道，学生不能由教师自由选择，因而就可能有令人满意的学生，也有令人不满意的和不可爱的学生。教师出于职业上的考虑，对用功学习、能按其要求去做的学生自然比较喜欢，这部分学生容易受到教师的偏爱，以至于出现“爱有等级”。不少学生由于其不成熟性而常常违背教师的要求，使教师对他们爱不起来，这不仅使学生的“向师性”心理得不到满足，而且会因为教师以淡漠、嘲讽、鄙视的态度对待他们，从而伤害了他们的感情。

2. 由于教师不尊重学生所诱发的紧张关系

教师的“不爱”“偏爱”都是对学生不尊重的表现。此外，由于学生还不太成熟，使他们在某些教师的眼里往往没有平等独立的主体地位。有些教师还常常把学生的某些兴趣爱好、时尚追求视作幼稚胡闹。同时，师生在角色、身份、地位上的差异也可能使一些教育思想不端正的教师不尊重学生的意见和批评。而学生的自尊心一般是很强的，对别人是否尊重自己十分敏感。所以，教师若不尊重学生，就特别容易造成师生关系的紧张。

3. 由于教师未能全面深入了解学生所引起的紧张关系

师生之间存在年龄、阅历、性格、兴趣等方面的差别，这种差别常常制约师生间的相互了解、交流和沟通。了解学生是一门艺术，也是一件劳心费神的事，而教师与学生是“一”对“多”的关系，这就给教师观察了解学生增加了相当大的难度，不容易把每个学生了解全面、准确。而不全面、不准确，就不能适应学生的身心特点因材施教，致使学生产生消极情绪，就不能保证对学生做出公正、公平的评价和处理，引起部分学生的抱怨、逆反心理。

4. 由于学生的某些偏差行为所导致的紧张关系

学生的不成熟性决定了他们容易对教师产生误解，把教师的严格要求、善意批评视为故意刁难、存心和他们过不去。学生的不成熟性还决定了他们容易违纪违规，忘记自己曾经许下的诺言，立下的决心，常常多次重犯错误，有的还会对教师有失礼行为。这就形成师生之间的关系紧张。

5. 由于学校、家庭和社会配合不好所带来的紧张关系

教育是一个系统工程，需要协调方方面面的力量，在实际操作中却不尽如人意。学校、家庭和社会相互之间不理解、不支持、不配合，相互推卸责任的

情况时有发生，常常出现教育力量中的“内耗”。这也是造成师生关系紧张、教师与学生家长关系紧张的主要原因。

（二）导致不良师生关系的间接原因

1. 传统观念的影响

教育观念是先导，教育观念决定教育行为。虽然我们已经进入了一个新的历史时期，但一些教师仍没有彻底地摆脱传统教学思想的束缚，推崇封建时代的师道尊严，认为教师具有至高无上的权力，致使教师与学生在人格、地位上出现不平等，一切以教师为中心，忽视了学生情感、动机、尊严、自信等人格价值的需要，而造成师生关系不良。

就教师而言，虽然理论上认可并接受了平等、民主、合作的新型师生关系，但是在遇到实际问题时，教师对学生的态度和处理问题的方式就不仅仅是由其良好愿望来简单决定的，还要受到很多其他条件的制约。如传统观念和习惯的影响。纵观人类社会的发展，曾经有过漫长的专制时期，这种主要表现为权力的专制式调控孕育产生了具有那个时代特点的师生关系的权力模式：师为上，学为下；师为主，学为从；师为尊，学为卑。在我们的文化和教育传统中，“师道尊严”已演变为一种包括师生关系在内的人际关系符号，以等级、集权和专制甚至压迫为特征。在教育过程中教师被赋予了至高无上的权力，表现为教师对学生的居高临下和绝对控制与命令，学生绝对服从教师的专制式关系。随着社会发展，这种专制式师生关系在今天虽有很大改观，但是受传统观念影响，一部分教师还不能彻底摒弃专制式的行为模式，遇到实际问题时总是会不自觉地运用原有模式，以权威者自居，甚至以牺牲学生尊严的方式维护教师的所谓“面子”。

2. 应试教育的压力

当前中小学应试教育的色彩还非常浓厚，“分数决定一切”的现实使得老师、学生、家长、学校不得不“分分计较”。教师要满足社会、家长和学生甚至包括自己对“教师”的角色期待，他们要依照课程标准的要求传播社会法定的文化知识，依据政策进行教学改革，按学校的要求完成教学任务并提高升学率，根据家长和学生的愿望解决每个孩子成长中的各种问题，还希望能按自己的意愿来组织教学、培养学生，这些角色期待交织在一起，共同塑造着教师真实的教育生活，影响他们与学生交往中的心理、态度及实际行为。社会各方面对教师提出的各种要求增加了教师的压力，社会和学校对升学率的极度重视，家长对孩子上重点大学重点中学的迫切愿望，都难以给教师一个良好的工作空间和环境。教师的奖金、福利要与分数挂钩；教师的评优评模要与分数挂钩；教师的职称晋级要与分数挂钩；教师的竞聘上岗、末位淘汰要与分数挂钩……重重重压之下，教师只好“重压”学生，造成有的老师“管你是爱你”“管得越严越是对你负责”的意识。可俗话说，“弦绷得太紧易断，钢板压得太重易折”，学生被逼得太“死”，怎能不激化师生矛盾？师生关系怎能不紧张？看起来似乎是教师对孩子的控制最强，实际上教师也被一种无形的力量所控制着，感觉到身不由己，心有余而力不足。

3. 教师教育方法不当

教学过程也是由不知到知、由不会到会、由不懂到懂的一个过程，一些不符合教师期望的行为也会时有发生，此时我们的教师往往不考虑学生的心理特点和可接受性，而采取简单、粗暴的做法，对学生横加指责，甚至打骂，引起学生压抑、不满或怨恨的情绪，随着这些消极情绪的积累，学生对教师的不满对立也从隐蔽到公开，并通过某些具体事件，而引发出师生间的矛盾冲突。这就是我们常说的“恨铁不成钢”，虽然老师的出发点是好的，为教育学生解决问题，但忽视了方式方法，从而造成师生关系紧张。

4. 教师自身素质局限

不可否认，教师队伍中不同教师的教学能力是参差不齐的。同样的一堂课，有的教师能把它上得有声有色、引人入胜，使学生感到如沐春风、如饮甘泉。而有的教师却把它上得枯燥死板、思路不清，让学生觉得味同嚼蜡、难以下咽。课上得精彩，学生自然就信服、喜欢老师，师生关系就容易和谐融洽；课上得糟糕，而只会凭加班、加点、加作业来提高成绩，学生自然反感、害怕老师，师生关系就容易疏远、紧张。

另外，受社会上拜金思潮的影响，特别是在当今教师待遇还不尽如人意的情况下，少数教师难免经不住诱惑，做出一些“越轨”之事，比如上文提到的接受家长吃请；收受家长红包；变相向学生销售辅导资料；利用给学生

“辅导”的借口进行变相有偿家教，甚至还有少数老师向有钱有势的家长主动“献媚”，等等。由于学生的心灵是纯洁的，他们的眼中揉不得沙子，有上述行为的老师，一旦被学生发现，他们在学生心中的分量就会严重“失重”，学生会在内心深处鄙视这样的老师。而师生有了心灵的隔阂，关系怎能融洽？

还有的老师缺乏爱学生的技巧。每个学生都是独立的个体，他们对爱的需求、对爱的理解、接受爱的方式都各不相同。而我们的教师由于各方面的原因，企图以同样的爱、同样的方式来感化所有的学生，让所有的学生都接受、理解自己的爱，就难免出现教师施爱而学生不领情的尴尬局面。教师不仅要有爱的情感、爱的行为，还要有爱的艺术。不仅知道爱，还要知道怎样爱。

最后，教师的性格、气质、兴趣等个性品质也是影响师生关系的重要因素。具有热情开朗、风趣幽默、兴趣广泛、情感丰富、沉稳理性、温和敦厚、乐观坚强、多才多艺、注重仪表等个性特征的老师自然会受到学生更多欢迎。相反，那些性格古怪、情绪多变、阴沉死板、兴趣狭窄、容易冲动、出尔反尔、邋里邋遢的老师，学生的欢迎度肯定要差些。

美国的保罗·韦地博士，花了40年时间对9万名中学生进行调查后，归纳出作为一个好老师的人格魅力的12个方面：

- 友善的态度——“课堂如一个大家庭一样，我再也不怕上学了。”
- 尊重课堂内每个人——“不会把你在他人面前像猴子般戏弄。”
- 有耐心——“决不放弃一个人，直到你做到为止。”
- 兴趣广泛——“带给学生课堂以外的观点，并帮助我们去把所学到的知识用于生活。”
- 良好的仪表——“她的语调和笑容使人舒畅。”
- 公正——“她会给予你应得到的，没有丝毫偏差。”
- 幽默感——“每天她会带来少许欢乐，使课堂不致单调。”
- 良好的品性——“我相信她与其他人一样会发脾气，不过我从未见过。”
- 对个人的关注——“她会帮助我去认识自己，我的进步有赖于她。”
- 坦率——“当她发觉自己有错，她会说出来，并会尝试其他方法。”
- 宽容——“她装作不知道我的愚蠢，将来也是这样。”
- 有方法——“忽然间，我能顺利念完我的课本，我竟然没有觉察到这是因为她的指导。”

5. 学生个性与行为的偏差

现在的学生大多数都是独生子女，从小在家里就被宠得跟“小皇帝”似的，事事唯我独尊、事事要求百依百顺，难免使他们沾染“娇、骄”二气，形成“自我中心”的心理。他们中的很多人不能吃苦、不能受累，经不起挫折、听不得批评，不懂得承担责任、不懂得与人相处，稍有不如意就情绪大发。可是在学校、在班级这样的大环境里面，老师怎么可能做得到事事都顺着个人的心愿来呢？所以他们总觉得“老师不关心我”“老师对我不好而对某某好”“老师对我有偏见”……

另外，学生毕竟是正在发展着的个体，他们的不成熟性决定了容易对教师产生误解，把教师的严格要求、善意批评视为故意刁难、存心和他们过不去。学生的不成熟性还决定了他们容易违纪违规，忘记自己曾经许下的诺言、立下的决心，常常多次重犯错误，有的还会对教师有失礼行为，这些都容易使师生之间出现误解和冲突。

6. 社会不利影响所致

当前社会尊师重教的氛围还明显不强，教师的社会地位和权威性并没有得到很好的保护。一些学生受到社会风气或家长态度的影响，认为教师职业无权无势、清贫辛苦，所以也会看低教师。

另外，社会舆论的不良导向也助长了不尊师的风气。教育行业这么大，有时难免也会出现个别学校或个别教师的违规违纪行为，比如个别学校的乱收费行为，个别老师教育方法简单粗暴、体罚或变相体罚学生，这时广大媒体总会用极大的热情，大肆渲染、大肆曝光，造成舆论对该学校或该老师“千夫所指”，进而败坏了所有学校和所有教师的形象。真正成了“一颗老鼠屎坏了一锅汤”，从而扭曲了教师在家长和学生心中的形象。

三、理想的师生关系所具备的特征

师生关系是教师与学生在教育过程中为完成一定的教育任务，以“教”和“学”为中介而形成的一种特殊的社会关系，是学校中最基本的人际关系。

师生关系是社会关系的一个组成部分，是学校中教师与教师之间、教师与学校领导之间、学生之间等这些教育过程中人与人关系中最基本、最重要、最经常的方面。师生之间关系如何，将直接影响到教育工作的效果。良好的协调一致的师生关系是有效地进行教育活动，完成教育任务的必要条件。理想的师生关系应具有以下特征。

1. 民主平等，亲密和谐

师生关系是人际关系的一种特殊形式，而人际关系又是社会关系的一种特殊表现。所以师生关系是社会关系的一种，受国家性质制约，不同的社会制度下或同一社会的不同历史时期，师生关系具有不同特点与表现形式。封建社会是一种伦常关系：天地君亲师、师徒如父子，从春秋战国到清末民初，师为上，生为下，师为主，生为仆，师为尊，生为卑。资本主义社会是一种雇用关系。社会主义国家师生之间是一种民主平等关系，这种民主平等表现在两方面：一是在政治上和人格上是平等的，都享有国家法律规定的权利和义务，同是社会主义国家的社会成员；二是在真理面前是平等的。对我国中小学师生关系类型的分析研究表明，对立型、依赖型、自由放任型的师生关系下的教育教学效果，远不如民主平等型师生关系下的教育教学效果好。社会主义学校师生的民主平等关系，要求教师对学生负有教育管理的职责，学生要听从教师的教导。但也要求教师向学生学习，认真接受学生提出的合理意见和要求。

2. 爱生尊师，相互配合

爱生是尊师的前提与基础，尊师是爱生的结果。爱生就是爱护学生，它是教师热爱教育事业的重要体现，是教师对学生进行教育的感情基础，是教师的基本道德要求，也是培养学生热爱他人和集体的道德情感基础。爱生包括“视徒如己，反己以教”（《吕氏春秋》），尊重和信任学生，严格要求学生并公正对待学生等。

尊师就是尊重教师，尊重教师的劳动和教师的人格与尊严，对教师要有礼貌，了解和认识教育工作的意义，理解教师的意愿和心情，主动支持和协助教师工作，虚心接受教师的指导。尊师是学生对教师正确的认识、情感和行为的综合体现，是人类的美德。得到学生尊重是教师最大的需要和精神满足。

3. 教学相长，共创共享

《学记》上说：“虽有嘉肴，弗食不知其旨也；虽有至道，弗学不知其善也。是故学然后知不足，教然后知困。知不足，然后能自反也；知困，然后能自强也。故曰：教学相长。”教育教学是师生双边互动的过程，在师生共同参与的教育活动中，双方存在着相互促进、彼此推动的关系。在这个过程中，是师生双方共同进步和发展的过程。如果将教育过程仅仅理解为教师的“施”，学生的“受”，显然是狭隘了师生关系，也与事实不符。

4. 心理相容，互相接纳

心理相容是群体成员在心理与行为上的彼此协调一致与谅解。它是群体人际关系的重要心理成分，是群体团结的心理特征。从师生之间是人际关系的角度看，师生心理相容是指教师和学生集体之间、学生个人之间，在心理上彼此协调一致，并互相接纳。心理相容以群体共同活动为中心，以成员彼此对共同活动的动机与价值观的一致为前提。教师与学生之间虽然文化水平不同、在教育过程中的职责和任务不同，但教师和学生的社会目标和根本利益是一致的，在教师教导下学生集体与个人和教师的动机与价值观也能达到某种一致。师生之间动机与价值观达到一致，教师的行动就会引起学生集体和个人的相应行动，并得到学生集体和个人的肯定。心理相容造成的师生之间融洽气氛，互相悦纳，对维系正常的师生关系起着重大的情感作用，对维持学校秩序，完成教育教学任务起着重大的保障作用。

针对当前中小学师生关系不尽如人意的现状以及我们对理想师生关系的憧憬，作为在师生关系建立与发展中起着主导作用的教师有着不可推卸的责任。要想改变现状，使师生关系向着民主互助、和谐亲密、充满活力的方向发展，教师首先要爱学生，有了真正的爱，就能化解教育过程中的诸多矛盾，因为师爱是师魂。

四、教师之爱是师德之魂

（一）师爱的内涵

教师之爱，顾名思义就是教师对学生的爱，是教师在教育过程中所表现出来的一种高尚的道德境界、敬业精神和富有人道性的教育艺术。它是教师热爱学生这一职业道德规范中所引申出来的一个教育学的概念和教育伦理学概念，其内涵不仅指教师对学生的关心爱护，而且包括教师用爱的情感和言行来感化学生、陶冶学生、引导学生，教育学生以各种具有教育性的爱的方式。

但若回答爱到底是什么，给爱下一个完整的定义，恐怕并非易事。我们对爱的理解可以概括为，爱是主动关心他人的幸福；它通过承认、喜欢、给予、关心、尊重、接受、赏识、责任感等方式来表达；它不是对人的限制、约束与控制，而是对人的不自由的束缚的解脱；它可以唤起与增强人的生命活力，促进人的成长。这种爱不仅仅是一种情感，而且是一种能力、一种态度。这也是我们所要强调的教师之爱。

1. 师爱具有神圣性

教师对学生的爱毕竟不同于父母对子女的爱。父母疼爱自己的孩子是本能，所以高尔基曾说："爱孩子，那是连母鸡都会做的事。"人类父母对子女之爱虽然比动物对幼崽之爱要丰富和广阔得多，但就其本质来看，也是建立在血缘关系上的本能性行为。然而教师对学生的爱却出自教师的职责，这种爱在性质上是一种只讲付出不计回报的、带着强烈责任感与使命感的、无私的、广泛的且没有血缘关系做纽带的爱，在原则上是一种严慈相济的爱。台湾教育家高震东先生在其著作的扉页上写道：爱自己的孩子是人，爱别人的孩子是神。教师对学生的爱是神圣的，这种爱是教师教育学生的感情基础，学生一旦体会到教师这种感情，自然会发生"亲其师，信其道"的教育效果。

2. 师爱具有教育性

教师不只给予学生关爱，更重要的是通过爱学生发挥教育的力量，不然就失去了教育爱的真正意义。著名教育家苏霍姆林斯基说过："老师技巧的全部奥秘，应在于如何爱学生。"如何爱学生？就是要对学生负责，要对学生的现在负责，未来负责，对学生一生负责。师爱是师生共同提高素质的内在动力，深沉的师爱不但激发教师的高尚追求，而且会成为使学生主动积极接受教育的动力。

教师要把对学生的爱与教育目的结合起来。教育目的是一切教育工作的出发点和归宿。把对学生的爱与教育目的结合起来，就能使教师对学生爱的情感和行为具有明确的目的性。随着教育活动的进行，这种具有目的性的爱的情感和行为必然对学生发展有多方面的引导作用。因为，爱的目的性，能够增强教师对学生进行教育的自觉性，使他在爱学生的同时总是有意识地向学生进行着各种教育，由此是他的爱对学生的发展产生多方面的引导作用。但要注意的问题是，教师对学生爱的情感和行为，要注意经常体现对学生的信任和肯定，避免“恨铁不成钢”“宁给好心不给好脸”式的强制或压服。因为这样最容易导致对学生的全面否定，伤害学生的自尊和人格，不仅谈不到对学生的激励性，反而容易引起学生的反感或消极情绪。

3. 师爱具有广泛性

即无差等性。教师爱的广泛性是范围上的要求，主要包括两个方面。一是教育对象的广泛性，即教师不是对个别学生爱，也不是对少数学生爱，而是素质教育中所讲的要关心每一个学生，去爱每一个学生，爱全体学生。这种爱不是出自对教育对象家庭的贫富、门庭的高低，也不是出自对教育对象学习的好坏、听话与否，而是出自为社会培养人的责任感，出自对每个学生都能够成才的渴望。每个学生都是祖国未来的建设者和接班人，国家未来的前途命运主要靠他们来把握，国家的明天主要靠他们来支撑。因此，教师不能以“三六九等”的态度对待学生，而应平等地关爱全体学生。二是对教育对象的发展的全面关心，即教育爱要求的不只是关心学生学习的好坏，成绩的高低，不只是能否在各类比赛中拿名次、获大奖，而是要全面关心学生的身心健康和做人的素质，关心学生德智体等各方面的发展，促进学生各方面的和谐发展。

在理论上认识教育爱的广泛性是不难的，但在实践上要真正做到爱的广泛性对教师来说则是不容易的。因为，教师所面对的教育对象千差万别，有的学生的表现可能自然会引起教师对他的爱，而有的学生的表现有时可能并不能引起教师对他的好感。那么，怎样才能对“差生”、对后进生产生爱的情感呢？

从许多优秀教师的经验来看，有这样几方面是值得努力的。一是教师要善于理解学生，理解是产生关心和爱的情感前提。不善于理解人则难以看到和发现这个人的优点和长处，也就不会觉得他有什么可爱之处，很难去关心他，对他产生爱的情感，教师对待学生也是如此。“差生”之所以“差”，其原因很多，其中一个重要的原因就是他们的许多行为不能被教师理解。比如有的学生在教师提问时常常在老师没有允许时不自主地讲了出来。对学生这样的行为，有的教师不能给予理解和恰当的引导，而往往把他们的行为看成是“故意捣蛋”“不守纪律”去严厉斥责。如果注意对这样的行为给予理解，肯定他们学习的积极性和灵活的反应能力，同时指导他们注意以适当的方式来表达，就不会对他们产生反感，反而有可能喜欢上这样的学生。这说明，教师对学生的理解，有助于使他们产生对学生的良好情感。二是进行“心理置换”，即把自己摆在当前学生的位置，体验学生的心理，苏霍姆林斯基曾告诫教师，要“时刻不要忘记自己也曾是个孩子”。他认为这一点对做好教育工作非常重要。因为不这样就可能永远不会理解学生。“时刻都不要忘记自己也曾是个孩子”，意味着教师面对“差生”和“落后”的学生时，要进行“心理置换”，想一想自己过去也曾是个孩子，在当学生时不是也有过犯错误的时候吗？当老师批评自己时，那个时候自己是什么心情？希望老师怎样对待自己？最反感和气愤老师以怎样的方式对待自己？这样想来，就会注意去理解学生犯错误时的心情，就会想到，学生还是个孩子，对一个不成熟、幼稚的孩子出现的过失和错误，当以什么方式、什么态度去教育为好。在这样的思考中往往会使自己冷静下来，理智地控制自己，并会尽可能地去采取学生能够理解、能够接受的方式对待学生，同时也能够产生良好的感情期待。这样做就会为批评教育学生带来一种健康的气氛，使学生很好地接受教育。教师也会进一步体验到儿童的可教育性，进而会更喜欢他们。许多优秀教师的经验都证明了这一点。三是教师要经常想一想，现在这些面对自己的孩子，虽然有时不懂事，但他们是祖国的未来，教师有责任更多地去关心他们，帮助他们，指导他们。这种认识也会逐渐产生对他们关爱的情感。

当然，在强调师爱广泛性的同时，还要注意因材施教，强调针对性。一个班级有四五十名学生，来自不同的家庭，各自的经济状况不同，家庭的文化、教育背景不同，学生的思想品质、成长经历、学习能力也不尽相同，因此，教师对学生的爱也应有侧重。对那些品行良好学有困难的学生，师爱应体现在帮助他们提高学习上，经常对他们进行课程辅导，对他们在学习中取得的哪怕是一点微小的进步都要进行表扬和鼓励，帮助他们树立学习的自信心，激发学习的兴趣；对那些品行较差而又厌学的学生，师爱就要体现在帮助他们树立正确的人生观，学会做人，明确学习目的，端正学习态度，同时在学习上也要进行鼓励和帮助，让他们尝试成功的喜悦，增强学习的信心；对于家庭经济条件差的学生，师爱就要体现在关心他们生活中遇到的困难，多鼓励他们增强自信心，必要的时候甚至要给予经济上的帮助……总之，师爱在面向全体学生时要体现无差别性，在面向每一个个体时要体现针对性。

（二）师爱要严慈相济

教师对学生的爱，并非一味顺从，只有表扬没有批评，而是要与“严”紧密结合在一起。要严得合理，严得适当，不迁就学生，不放任学生，也不溺爱学生。也就是说，教师对学生提出的要求，要符合党的教育方针政策，符合学生的实际和21世纪对一代新人的需要；要有利于学生身心健康发展、学习进步和良好行为习惯的培养；是学生经过努力能达到，能接受，并能自觉切实执行的。

做到严慈相济，一是要严而有理。所谓严而有理，是指教师对学生提出的一切要求都要符合党的教育方针，都要有利于学生的生理心理健康，有利于学生学业的进步和良好行为习惯的养成。学生是方方面面都正在成长的“未熟人”，在校期间难免出现这样那样的缺点和错误，对这样的学生，教师常常是恨铁不成钢，有时火气一下子上来就会对学生进行体罚。这种情况和行为表面上看是为了严格要求学生，实际上却有害于学生的身心健康。爱因斯坦曾经指出：“如果学校把自己的工作建立在恐吓和人为制造的权威上，那是最糟糕不过的了，这样的反常制度会扼杀学生的健康情感和直率性格，挫伤学生的自信心。”教师对学生的真爱要体现为既对学生有种种严格、严厉的要求，又不损害学生的生理心理，让学生心服口服，心甘情愿地接受。

二是要严而有度，指教师对学生提出的要求要符合他们的身份和身心特点，如果离实际情况太远，要求过高，学生无法达到，这种严格也就毫无意义。虽然年龄差不多，又同在一个教室，但由于多种因素所致，学生的思想水平、认识水平、知识水平以及理解能力都不会完全相同。因此，严格要求必须防止“一刀切”。教师要区分对待，适度地要求学生，这样才会收到好的教育效果。

为什么早在一年级就会出现一些落伍的、考不及格的学生，而到二、三年级有时候会遇到落伍无可救药的，因而教师干脆对他放弃不管的学生呢？这是因为在学校生活的最主要的领域——脑力劳动的领域里，对儿童缺乏个别对待的态度的缘故。

我们不妨打个比喻：让所有刚刚入学的7岁儿童都完成同一种体力劳动，

例如去提水，一个孩子提了5桶就精疲力竭了，而另一个孩子却能提来20桶。如果你强迫一个身体虚弱的孩子一定要提够20桶，那么这就会损害他的力气，他到明天就什么也干不成了，说不定还会躺到医院里去。儿童从事脑力劳动所需要的力量，也是像这样各不相同的。一个学生对教材感知、理解、识记得快，在记忆中保持得长久而牢固。而另一个学生的脑力劳动进行得就完全不同：对教材的感知很慢，知识在记忆中保持得不久而且不牢固。虽然到后来(这是很常见的事)，正是后一个学生在学习上、在智力发展上，比最初学习较好的那个学生取得了大得多的成就。可以把教学和教育的所有规律性都机械地运用到他身上的那种抽象的学生是不存在的。也不存在什么对所有学生都一律适用的在学习上取得成就的先决条件。学习上的成就这个概念本身就是一种相对的东西：对一个学生来说，“五分”是成就的标志，而对另一个学生来说，“三分”就是了不起的成就。教师要善于确定：每一个学生在此刻能够做到什么程度，如何使他的智力才能得到进一步的发展——这是教育技巧的一个非常重要的因素。

三是要严而有方。教师对学生的严格要求能否收到显著成效，关键在于方法。要求学生这样做那样做，却不管学生心理感受如何，“我讲你听，我打你通”，居高临下，盛气凌人，学生即使表面上在听，在顺从，内心也不会服气，与教师的心理距离会越来越大，甚至会对教师产生反感。教师对学生的严格要求也要采取耐心、疏导的方法，要寓教于教学之中，寓教于各种活动和师生的接触之中。只有方法得当，严格才能在教育中奏效，才能培养和训练出出色的学生。

四是要严而有恒。所谓恒，就是要坚持长久。对学生的严要求绝不能时有时无，要保持一定的稳定性。既然已对学生提出某种较高标准的要求，就要要求到底，任何时候都不能放松。要常督促，常检查，把要求落到实处，直至学生养成良好的生活习惯和学习作风。教师最忌对学生一时紧一时松，说了就不再检查，再无动静，以后再怎样要求，学生都不会重视，教师的威望也会因此受损，教育效果也会大打折扣。

五是要严中求细。所谓“细”就是不放过所能了解和察觉到的任何问题。在纷繁的工作中，教师要尽力抽出时间多听、多问、多看、多想，从生活、学习、思想、劳动、工作、活动以及家庭等多个方面了解学生，关心学生，善于从细节处发现潜在问题，及时引导和规范，防患于未然，避免酿成大错。“细”本身就是爱。

（三）师爱的力量

北京师范大学林崇德教授说：“我和所有的优秀教师一样，同感没有爱就没有教育；失去了对学生的爱，教师也就失去了人生的乐趣。教师的爱是一种强大的力量，它不仅提高眼前的教育质量，也会促进学生的成人和成才，即会影响到学生的身心的发展、人格（个性）的形成、职业的选择、人生道路的转变，甚至会影响其毕生。”① 德国教育家斯普朗格曾说：“只有在爱的环境里，教育才能成功，才能真正影响人的内心。当老师与学生相处时，爱的力量会透过互动和情感发出光芒！”具体讲，师爱的力量体现在以下几个方面。

1. 师爱是教师教育的原动力

教师职业是社会各种职业中的一种，但从一定意义上讲，它是一种特殊的职业，因为从根本上讲教育是引人向善的。教师是实现教育这一使命的使者，但教师要担当这一使命，必须要有爱。雅斯贝尔斯认为，爱是教育的原动力，一个人的本来面目之所以能在爱他的人眼中显现出来，首先是因为，爱是人生存的第一要素。夏丏尊认为：“教育之不能没有感情，没有爱，如同池塘没有水一样，就不为池塘；没有情感，没有爱，就没有教育。”罗素在《教育与美好的生活》中指出：“凡是教师缺乏爱的地方，无论品格还是智慧都不能充分地或自由地发展。”苏霍姆林斯基说：“我一生中最主要的东西是什么呢？我会毫不犹豫地回答：热爱儿童。”

2. 师爱是学生个体生命健康成长的阳光

教师对学生的爱在学生生命成长中犹如温暖的阳光一般，学生对教师爱的感受会促使他在身心各方面积极发展。心理研究表明：人在心情愉快时，感觉及观察力都敏锐，记忆效果好，想象丰富。而在心情沮丧时，这一切都将受阻。在促进学生的学习方面，不存在无感情的作用，感情交织在人的思维中，或成为刺激，或成为障碍。教师对学生在活动过程中的各种表现，多宽容、理

① 林崇德. 教育的智慧——写给中小学教师［M］. 北京师范大学出版社，1999：37.

解，并给以真诚的激励，营造出民主、温暖、健康和谐的学习氛围，可让学生心情愉快，思维活跃，想象丰富而开阔，有利于学生各种潜能的挖掘和创造能力的发展。

首先，教师之爱有助于学生良好个性的养成。中小学生的自我意识并未完全发展起来，他们非常重视他人对自己的态度和评价，特别是作为成人权威代表的老师的评价，这种评价对他们的情绪、自信、自尊以及对待他人的态度、行为都会产生重要影响；同时，由于年龄越小学生的“向师性”和“模仿性”越强，教师的行为方式就会成为学生自觉不自觉模仿、学习的对象。因此，很难想象一个经常遭受教师打击的学生会养成自信，一个经常遭受教师冷脸相对的学生会学会尊重。有一位老师讲了这样一件事：“记得那是刚开学的一天，放学后，有一位家长叫住了我，对我说：‘于老师，昨天我家孩子回家后特别开心，我就问他为什么这么开心啊。他说，今天老师对我笑了，而且还摸了摸我的头呢！’”老师只不过对孩子微笑了一下，摸了一下孩子的头，他就如此欣喜感动，因为他感受到了老师的喜欢与关注。这位老师由此感悟出：“学生只有感受到了充分的尊重与关爱才能更好地学习和成长。”

其次，教师之爱有助于学生学习动力的增强。学生在教育过程中处于主体地位，如何发挥学生的主体作用就要解决动力的问题。没有动力，学生主体作用的发挥是不可能的。那么，学生主动学习发展的动力来自何方？一方面来自学生内在动力，如兴趣、爱好、动机、需要等；另一方面则来自外力，如教师的肯定、期望、鼓励等，甚至内力很大程度上也需要外力激发。前面我们谈到的“罗森塔尔效应”就是最好的心理学例证。在教育中，教师是肩负社会重托进行工作的，所以在教师爱学生这种态度和行为中，必然含有对学生发展的良好期待。如对学生德智体发展的期待，对学生良好言行的期待，对学生未来良好成就和作为的期待等，这种期待伴随着教师对学生的尊重信任、关心爱护的实际言行，不知不觉传递给学生。当学生感受到这种期待，体验到教师对他们的真情关切，并且知道教师希望他怎样学习、怎样活动、怎样做人的时候，其内心往往产生一股很强的动力，促使他的思维、想象、记忆等活动有效进行。

研究表明，教师之爱，首先能够激发学生对教师的爱心，然后通过情感方面积极的“正迁移”作用，发展学生对同学、对家人、对人类、对班级、对学校、对社会的爱心。如果对学生采取歧视、挖苦和冷漠的态度，学生感受不到温暖、爱护和关心，就容易产生被冷遇、被孤立、被嘲弄的感觉，通过情感方面的“负迁移”作用，从而对同学、对家人、对人类、对班级、对学校、对社会产生仇视的态度。

3. 师爱是教师生命健康发展的雨露

教育心理学认为，教师要做好教育工作，必须要有强烈而持久的教育动机，有很高的工作积极性。师爱就是一种积极的情感，以师爱为核心的积极情感是教师的重要心理素质。一个发自内心热爱学生的教师，才能在教育教学实践中逐渐成长为一名优秀教师。

首先，热爱学生是教师成长的重要准则。教师热爱学生、热爱教育的情感，就是优秀教师职业价值观的最终体现。教师的职业价值观是教师对教育工作和自身发展的价值判断。教育心理学研究表明，教师职业价值观对教师工作积极性和教师职业的稳定性有重要影响。要成长为一名被学生爱戴的优秀教师，没有一颗爱心，没有正确的职业理想和价值取向，是不可能的。教师把自己的职业当作一种事业来追求，当作一种理想去奋斗，就会产生发自内心的真挚情感，自然就会倍加珍惜和热爱。教师一旦爱上教师这个职业，必然激发出教师的责任感和光荣感，必然积极主动地去接受教育工作中的各种挑战，必然会因追求事业的顺利发展而做出不懈的努力，教师的工作热情、工作积极性就会不断地高涨。

其次，热爱学生是教师职业自塑的重要支撑。一名热爱学生的老师，就会对自己的教育教学水平永不满足，从而不断学习，不断钻研，不断提高自己的授课水平和业务能力，以求成为学生喜欢的老师，适应学生学习发展的需求。教师和学生之间的这种良性的互动，带来了教学相长，带来教师个人素养和能力的提升。同时，由于学生往往把教师视为模仿的楷模，教师的仪表体态、言谈举止、容貌服饰等都对学生起很大的示范作用。教师对于学生不仅是社会道德准则的传递者，更重要的是社会道德准则的体现者，因此，教师必须具有高尚的道德品格，教师必须是具有良好修养和情操的人，要用美好的形象、美的人格去感染学生，引导学生。热爱学生的教师，会时刻注意自己的一言一行，注重自身业务素质和道德品质的不断提升，会努力在学生面前展示最好的自己。在漫长的职业生涯中，一贯地严格要求自己，为人师表，诲人不倦，教师的道德涵养和个人修养，就会在潜移默化中不断丰满。

再有，热爱学生让教师体会到工作带来的乐趣与成就。对教师来说，奉献不但是一种美德，更是一种不能没有的职业要求，无论社会怎样变化，教师的奉献精神不能丢。当然，这种职业要求需要教师用一生的劳累、清苦和默默地耕耘去诠释，需要教师用“春蚕”和“红烛”的精神去捍卫。在教育实践中，一个热爱学生、对学生成长负责的老师，一定会心甘情愿、义无反顾地奉献出自己全部的知识和能力，奉献出自己宝贵的青春和年华，甚至生命。奉献不仅仅是一种美德，更是一种境界，是教师对学生爱的体现和升华。而教师也自然会在这种奉献里体验到为师之乐，在学生的爱戴中获得巨大的精神回报，在学生的成长中满足自己的成就感。

4. 师爱是构建良好师生关系的奠基石

“冰山”融化

朱某从外地转入我校，因成绩特差而连留两级，在高一读了三年，遵守学校行为规范也极差，是学校有名的“四大金刚”之一；性格倔强，自尊心极强，曾与老师发生过几次争执，不服教育。老师对他有看法，他自己也自暴自弃，“破罐子破摔”，不再有上进心。

该同学转到我班后，对我存有严重的戒心，对我敬而远之，我几次找他谈心，都因他保持沉默便不果而终。但我并没有因此而气馁，还是坚持找他谈心，并冒雨到他家访问；在“周记”中我批示要与他交朋友；我把他调到最前排，以提高他的学习效果；我主动为他免费补习语文，并想方设法为他请数学老师“家教”。由于他的数学成绩太差，使几位数学老师婉言谢绝了我的请求。我的“诚”意逐渐打消了他的顾虑，他开始跟我有话了。后来我了解到该同学父母都是文艺界人士，母亲长期在外地组织演出，父亲原在外地工作，调入上海后又因工作太忙而无暇照管他的学业。其实，该同学并不如传说中那么“坏”，而是因缺少管理、缺少关心和缺少指导而在行为规范方面有所欠缺；也不像传说中的那么“愚”，除了因一些客观原因和主观上不够努力而学习成绩较差外，其他的天资并不差：他曾经获学校电脑操作比赛二等奖，他自己会装修自行车，会装卸电脑，尤其在文艺方面还很有天分。我觉得对这样的学生要辩证地看，应该主动地多关心，帮助他扬起成才的风帆。我鼓励他参加校艺术节的比赛，以发挥自己的特长，果然他在比赛中一举夺得现代舞蹈一等奖和外国歌曲演唱一等奖。在他过二十岁生日时，我特意买了十六寸的鲜奶大蛋糕去祝贺。他激动地说："王老师，我一定要好好学习，争口气!"现在这个同学在各方面都有了较大进步，不少老师都说他变了，"换了一个人似的"。我体会到，只要你诚心诚意地去为学生服务，并晓之以理，动之以情，即使"冰山"也会被你融化的。

虽说良好师生关系的建立受到多种因素的影响，但无疑教师发挥着关键作用。教师尊重学生、关心学生、热爱学生，对建立、形成民主、平等、和谐的师生关系显得格外重要。在教育过程中，师生之间要进行多方面的活动，产生各种矛盾和问题也在所难免。这时，如果没有教师对学生的尊重、关心和热爱的情感与行为，要真正化解这些矛盾是不可能的。有时由于学生的偏见或教师的学生观存在问题，如有的教师信奉"管、卡、撸、压"的权威式教育管理方式，往往造成学生对教师的"好心"不理解不买账，达不到教育效果。所以，教师应注意以正确的方式体现对学生的尊重、关心和爱护，就能为建立民主、和谐、平等的师生关系奠定良好的基础，进而很好地化解矛盾。因此，热爱学生是建立良好师生关系的"基石"。

五、教师应该怎样爱学生

师爱怎样体现？有的老师会说：师爱体现在教育过程中，尽可能多地期望学生而避免无端指责；师爱体现在多慰勉、少埋怨；师爱体现在能够全方位地接纳学生，甚至包括他们的缺点和错误，继而倾注真挚的爱心与热情的鼓励；师爱体现在当学生遇到失败、遭受挫折时，能给予适当的点拨；师爱体现在学生孤独无助时，能赐予一道友好的目光，一声亲切的呼唤，继而给予支持、给予力量；师爱还体现在当学生生病了，陪他就诊、催他按时服药；师爱体现在天气冷了，督促学生加穿衣服；师爱体现在下雨了，提醒他们带好雨伞；师爱体现在半夜起来给他们盖紧棉被；师爱还体现在怀着一片爱心去指正、批评学生的缺点和错误，做到严中有爱，在严的教育中体现对学生的挚爱……当然，这些都是师爱的具体体现。其实，教师之爱的内涵非常丰富，在不同教师身上有着不同的表现，需要在具体的教育环境和师生关系中予以领会和把握。总体来说，师爱表现在以下几个方面。

1. 尊重

爱默生说过："教育成功的秘密在于尊重学生。"苏霍姆林斯基也说过："儿童的尊严是人类最敏感的角落，保护儿童的自尊心，就是保护儿童的潜在力量。""教师只有关心人的尊严感，才能使学生通过学习而受到教育。"相反，伤害了学生的自尊心，也就从根本上摧毁了学生成长的力量。尊重和理解首先要建立在平等的基础上，没有平等也就没有尊重和理解。相对于教师来说，学生的年龄一般都较小，知识水平、生活经历等也肯定不及教师。但作为一位教师，要懂得在人格上，学生与自己是平等的。在现实的学校生活中，许多教师对待学生表现出不平等，不论学生感受如何，也不论对错，不高兴就劈头盖脸狠狠地训斥学生，挖苦讽刺、打击谩骂甚至体罚，结果使许多学生畏惧教师，对教师敬而远之，有心事、有苦恼、有秘密都讲给同学和伙伴，而从不敢向教师倾诉。这种现象很普遍，它使师生关系出现障碍，给教育活动增加了难度，削弱了教育效果和质量。

尊重学生就要尊重学生的人格和自尊。教师与学生在道德人格和法律人格上是完全平等的，处在教育活动主导地位的教师应该有主动尊重学生人格的义务。学生既是教学活动的对象，也是教育活动的主体，他们具有独立人格，渴望被人理解，受人尊重，后进生更是如此。如果教师不注意尊重学生的人格和自尊心，对学生进行讽刺、挖苦，势必伤害学生的自尊心，使学生产生自我否定的消极情绪和意向，不仅挫伤了学生的学习积极性，还会影响学生的健康成长。教育界有这样一句名言：没有尊重就没有教育，没有相互尊重，教育就会变成一场发生在师生之间的严酷的"战争"，一场永不休止的"战争"，一场疲惫不堪的"战争"，一场两败俱伤的"战争"。

尊重学生就要尊重学生的个性差异。尊重学生的个性差异是教育的起点与前提。每个人带着不同的基因来到这个世界上，在不同的环境、经历中拥有不同的性格能力，即所谓的个性。每个人的语言、逻辑数学、空间、音乐、美术、身体运动、人际交往及自我认识方面的能力各不相同，每个人都有自己的强项和弱点，这就是差异。良好的教育就是要把学生的差异作为一种资源开发出来。只有充分地了解自己的教育对象，诸如他们的性格、习惯、兴趣、爱好、短长、潜能、心理状态、家庭状况以及缺失的成因，做出客观公正的评估，教师才能避免偏颇，给学生以尊重和关爱。

尊重学生就是尊重学生的兴趣和意愿。每个人有自己的兴趣和爱好，都喜欢做自己喜欢干的事情，积极的兴趣是学生学习和探索新鲜事物最重要、最持久的动力，也是学生获得知识和发展能力的先决条件。优质的教育应该让学生在快乐的情绪中学习，并保持对学习活动的积极态度，为一生的持续发展打下基础。教师尊重学生的意愿，可以激发他们的学习兴趣，培养他们的自主性和创造性。有位男学生，自上学起都是当学生干部，就是从来没有当过“大”干部，到我校以后，有些心灰意冷。当得知他的心理动态之后，学校决定安排他担任学生会体育委员。事后跟他谈心，你担任学生会干部应该团结全校同学，把你的工作能力和管理特长发挥出来，协助老师把各项工作落实抓好。他听了之后，很受鼓舞，不仅严格要求自己，还协助老师做了大量的工作。

一位青年教师在讲秦牧的散文《土地》。文中有这样两句话：“骑着思想的野马奔驰到很远的地方”“收起缰绳，回到眼前灿烂的现实。”突然，有一个学生问道：“老师，既是野马，何来缰绳?”毫无准备的老师张口结舌。最后老师不耐烦地说：“如果少钻牛角尖，你的学习成绩还会好些吧!”老师的回答使这位学生非常难堪，学习兴趣全无。

学生最喜“异想天开”，有的会做出一些超出自己能力的事情，有的遇事好发议论、好表现，有的还会“别出心裁”，提出许许多多“越理犯规”的建议。这时，老师应因势利导，而不能批评甚至讽刺挖苦学生；对学生一些正当合理的良好愿望——哪怕这些愿望有时显得有些“不合时宜”——高明的教育者不应漠视，更不能贬损，而应该予以充分重视与关注，并因势利导，适时鼓励，以保护学生的积极进取之心，进而激发其潜能，为教育的成功提供保障。

尊重学生就要尊重学生的隐私。每个人都有不愿为人所知的秘密，都希望拥有一个不被他人侵犯的自由活动空间。我们不能以“学生主要精力应放在学习上”为由，出现不经学生同意私拆学生信件，或将学生不愿为人所知的秘密公之于众等侵犯学生隐私的行为。有一位学生，家庭生活比较困难，但他非常爱面子，不愿让同学知道他家的窘境。老师观察到这个情况后，经常默默地帮助他，渐渐和他交上了朋友，他有话愿意和老师讲，并非常感谢老师给了他面子。同样，学生的学习成绩也是学生的一个隐私，张榜公布学生的考试成绩及排名的做法，也是对学生权益的践踏。尤其对于学习较差的同学，公布考试成绩会给他们造成压力，弄得不好还会使他们产生“破罐子破摔”的思想。学生毕竟是有差异的，作为教育工作者的教师，也必须为之做出我们自己的努力，帮助他们克服学习上的困难。教师尊重学生的隐私权，给他们一个相对“自由的空间”，他们能自由地放飞自己的心灵，去思考，去奋斗……

2. 博爱

作为一名教师，应该有博爱的胸怀，真正做到“有教无类”和因材施“爱”，关爱每一个学生，让每一个学生都抬起头来走路，促进学生健康成长。

对优秀学生要严爱。优秀学生学习成绩优异，各方面表现比较好，人见人爱，自然讨教师喜欢。教师经常在同学们面前表扬他们，无形之中使他们形成一种优越感，放松了对自己的要求。而且，他们一般比较自信，也容易自负，有时看不到自己的缺点。

有一学生成绩优秀，多才多艺，对班级工作认真负责。一次小测验之后，她走到后进生胡某的身边说：“又得了100分，你呢，才49分呀?! ……”老师针对她的表现写了这样的评语：“林×，看到你优异的学习成绩、热情的学习态度，听到你百灵鸟一样的歌声，老师从内心里喜欢你。不过，能人背后有能人，走出咱们三（2）班，走出咱们学校，去看一看，还有好多比你优秀的。记住，谦虚使人进步，骄傲使人落后。同学之间要团结友爱、互相帮助，你愿意成为这样的人吗?”

所以，针对这种情况，老师要对优秀学生总是严格要求。在肯定他们优点的同时，采用提醒的语言实事求是地指出他们的不足，让他们意识到别人身上也有优点，自己身上也有缺点，使他们能不断反省自我，不断完善自我。另外，对他们要有更高更严的要求，使他们不断向新的目标奋力登攀。

对中间学生要厚爱。所谓中间学生，是指在一个班集体中学业成绩以及品行等处于中间状态的学生。他们处事谨慎、腼腆、本分，品德表现一般，学习成绩一般，平时不引人注目，所以，也有人把这部分学生形象地叫作“灰色儿童”。在一个班级中，处于中等水平的学生人数最多。在基础教育领域有一句话，叫“抓两头，带中间”，可是在具体教育过程中，班主任和科任教师常常做成了“抓两头，丢中间”，忽视了对中等学生的教育，中等学生成为被班主任“遗忘的角落”。中等学生的心理共性是不成熟、不稳定，意志薄弱，可塑性大等。在他们身上，一方面可以通过良好的教育与指导使他们向优等生靠拢，另一方面是沦落为差生。可以说：中等生是差生的预备队，也是优等生的后备军。因此，如果忽视了对中等生的教育和指导，会产生一种潜在的扩大差生队伍的危险。而如果对他们进行有针对性的教育和指导，却可以增加优等生的人数。为了调动这些学生的积极性，使他们认识到自己的价值，教师与他们交往时注意从每一个学生的实际出发，态度和蔼诚恳，以情动人、循循善诱，采用号召性语言，促动其心灵，增强他们的自信，鼓励他们明确自己的近期奋斗目标，积极进取。同时，在课堂上给予他们更多展示自我的机会，在班级管理中让他们承担更多的工作等。这样，他们在学习和班级工作中就体验到了自己的价值，树立了自信，就会不断塑造自我，不断发掘自身潜能，各方面表现就会发生质的飞跃，这也增强了班集体的活力和凝聚力。

对落后的学生要宽爱。每一个班级里都有学习差、表现差的学生，一个学生一旦被划归此类，也就意味着他被视为学习上的“钉子户”、教师讽刺挖苦的对象、班主任眼里的“焦点”。他们常常受到来自教师、学生的冷嘲热讽，久而久之，就会变得自卑和退缩，最后自暴自弃。

要成为一名合格的教师，不但要有爱心，还必须像春雨滋润万物一样把这份爱雨洒到教室的每个角落，关注好学生，更要关爱差生，要勇于承担起属于自己的那份职责和义务。以学生为本，尊重每一名学生，还他们平等受教育的权利。

所以，面对差生，教师应认识到他们的差只是暂时的，通过外在帮助和自身努力，其“差”的局面是可以扭转的，要树立后进生也能成才的信念。要认识到他们还有很大的发展空间，只要有适合他们的环境，他们一定会朝着我们期待的目标健康成长。针对这些学生，教师要偏爱他们，多给他们一份尊重。教师要深入了解后进生的心理特点，摸清造成学生后进的原因，结合学生的个性特点和家庭状况采取有效措施；教师要关心他们爱护他们，对他们不嫌弃，不歧视，不疏远，而代之以关怀、亲近、热爱，班主任只有诚心诚意对待他们，他们才能信任班主任，消除师生之间的对立情绪，才能把班主任当朋友，才能和班主任说心里话，把班主任提出的要求看作是对他们的帮助；当他们犯错误时，教师要尽量避免在公开场合大声批评他们，要维护他们的自尊；当他们考试成绩很差时，教师不应指责、埋怨他们，而是应该耐心帮助他们查找失败原因，找到解决方法……这其中，教师一句鼓励的话语，一个期待的眼神，一个亲切的手势，都会让学生感到温暖，给他们留下深刻的印象。教师要善于捕捉他们身上的闪光点，挖掘他们自身的潜能，为他们搭建一些崭露头角的舞台，使他们从多方面体验到成功的欢乐和自身的价值；教师还要及时肯定他们取得的成绩，并且有分析地加以正确引导；当然对他们转变过程中的反复，教师要有耐心和恒心，坚持抓、反复抓。

3. 期望

期望对生命成长而言是一种能量，是对生命信任的体现。教育心理学的理论研究和教育实践已经证明：如果教师信任、喜欢、重视某个学生，这个学生因为感受到教师的正面期望，就会更加自尊、自爱、自信、自强，诱发出一种积极向上的激情；如果教师对某个学生表现出厌恶、失望、轻视等情绪，这个学生因为感受到教师的负面期望而极容易造成自暴自弃、不思进取的后果。

期望意味着不失望、不放弃、不漠视。教师对学生的期望主要体现在两方面。一是教师对学生的成长要始终满怀期望，并通过肯定、信任的语言，满意、喜悦的神情来传达这种期望，给学生带来巨大的精神力量。二是创造性等待。“创造性等待”一词来源于柏格森的生命哲学，他认为自我经验方案更多的是“创造性等待”的思想起主导作用。所谓创造性等待是指给个体生命的成长“留有时间”，并在这一时间中，不断给生命提供有效能量。也就是说，教育不能无条件地追求立竿见影，不能以确定性的态度对待生命的成长。时间是生命的一个特性，时间会带来质变，时间会带来奇迹，所以需要教育“等待”，而且是“创造性等待”。

爱是教育的原动力

我班的李某就是个很好的例子。初一刚入校，我领教到了他的“疯狂”。上课时不听讲而是“开个人演唱会”，扰得四邻不能安心听课；上课玩游戏机被老师制止后，却与老师理直气壮地理论；不做作业是家常便饭，打架斗殴也时常发生。一次英语自习课上他随便说话，纪律委员王某让他写说明书，他当场表示：“我不写。”这还不算，下课后给王某写了一张纸条：“王某，今天你爸爸、你爷爷、你祖宗全死了，是叫唾沫淹死的，我万分高兴！让我写说明书，没门！鬼才写呢！你等着尝尝我拳头的滋味吧！”面对如此“罪大恶极”

的学生，作为班主任是气急败坏地给他上政治课？请家长？撵出教室罚他站？还是……这些念头，在当时愤怒到了极点的我的脑海中都曾一一闪现过。我考虑了很久，也想过放弃，但我一想到一个学生的失败可能就意味着一个教师的全部失败，我就迅速改变了放弃的想法，有没有其他更好的做法呢？魏书生老师的话又萦绕在我的耳边："淘气的学生在几年的淘气史中，会有过上百次的自食其言，会有过上百次拒绝良言的相劝，会有过上百次的逃避父母管教，会有过上百次敷衍老师。""大凡一个很淘气的学生，都是经历了无数次内心良知与邪恶的斗争，才具有了今日之现状。这样决定了他们的转变不可能是一朝一夕，几朝几夕的事。"此一言于我心有戚戚焉。

我并没有马上去找他、训斥他，而是采用冷处理。表面平静的我内心无时无刻不在思索着怎样对待这个学生。过了两天时机终于来了，看到他交上的日记本，我便在上面写道："卫生值日中你不怕吃苦，脏的累的都抢着干，大家都很佩服你，你排放的自行车非常整齐，为我们班争得了荣誉，老师也从心底里高兴。我们班现在出现了一些异常情况，老师想征求一下你的意见，下次交日记时，请写明。"我吃了一惊，平时里写篇作文不过百十字的他竟然在日记本上用那近似杂草般的字体给我写了回信。文中有许多句子是不通的病句，但总体意思明白。后来，我让他负责班级自行车摆放及课间班级责任区内的纪律。喜人的变化陆续出现，我们班的纪律也有了很大的改观，成绩也有了明显的进步。

通过这个例子可以看出：要想叫那些屡教不改的学生有神奇的变化，教师就要有耐心。耐心要求教师不急不躁，冷静行事，它是一种涵养；它要求教师能反思，多替学生想想，它是一份理解；它要求你满怀爱意，对学生进行指导、帮助，它是一份宽容；它要求你像播下种子等待成熟一样……而揠苗助长只能南辕北辙，它也是一份期盼；它要求你不是警察，不是猫，而是学生精神上的靠山，是学生稚嫩心灵的保护神，是学生心灵垃圾的清洁工。

4. 理解

陶行知曾多次告诫教育者："我们必须会变小孩子，才能做小孩子的先生。"所谓"会变小孩子"，也就是说要教师尽量使自己具备"学生的心灵"——用"学生的大脑"去思考，用"学生的眼光"去看待，用"学生的情感"去体验，用"学生的兴趣"去爱好。对此，陶行知先生还有一段十分感人的话："您不可以轻视小孩子的感情！他给你一块糖吃，是有汽车大王捐助一万万元的慷慨；他做了一个纸鸢飞不上去，是有齐柏林飞船造不成功一样的踌躇；他失手打破了一个泥娃娃，是有一个寡妇死了独生子那么悲哀；他没有打着他们所讨厌的人，便好像是罗斯福讨不着机会带兵打德国一般的怄气；他受不了你盛怒之下的鞭挞，连在梦里也觉得有法国革命模样的恐怖；他写字想得双圈没得着，仿佛是候选总统落了选一样的失意；他想你抱抱一忽儿而您偏去抱了别的孩子，好比是一个爱人被夺去一般的伤心。"所以，只有理解孩子的人才能真正走进孩子的内心。

苏霍姆林斯基说过："只有那些始终不忘记自己也曾是一个孩子的人，才能成为真正的教师。"不忘记自己曾经是孩子，才会理解孩子。教育不仅是"己所不欲，勿施于人"，对老师来说，还应是"己之所欲，亦勿轻施于人"。每个人、每个年龄段都有自己的成长轨迹，教育只有深入到儿童的心灵才能真正地理解儿童，教育儿童。

5. 宽容

苏霍姆林斯基说过："有时宽容引起的道德震动比惩罚更强烈。"宽容是在认识上理解学生，在情感上关心学生，在行动上引导学生。教师的宽容会使学生感受到一份关爱与抚慰，所收到的效果远远胜于惩罚。宽容是用发展的眼光看待学生，对犯了错误的学生给予宽容，就是给学生以机会，给学生以期待，能有效调动学生的积极性。宽容是一种无私的爱，可以缓解师生之间的对立情绪，转化学生的逆反心理，使教育收到最佳效果。

陶行知先生在育才学校当校长时，曾经发生过这样一件事情：一天，陶行知在校园里看到学生王友用泥巴砸自己班上的男同学，陶行知立即制止了他，并让他放学后到校长室去。放学后，王友早早地来到校长室门口准备挨训。这时，陶行知走过来了。他一看到王友，就掏出一块糖果递给他，说："这是奖给你的，因为你按时来了，而我却迟到了。"王友惊愕地接过糖果，目不转睛地看着陶行知。这时，陶行知又掏出一块糖果递给王友，说："这块糖果也是奖给你的，因为当我不让你再打人的时候，你立即就住手了，这说明你很尊重我，我应该奖励你。"王友更惊愕了，他不知道校长到底想干什么。

这时，陶行知又掏出一块糖果放到王友的手里说："我已经调查过了，你用泥块砸那些男生，是因为他们不守游戏规则，欺负女生。你砸他们证明你很正直善良，并且有跟坏人做斗争的勇气，应该奖励。”

王友听了非常感动，他失声叫了起来：“校长，你打我吧，我砸的不是坏人，而是自己的同学呀！”陶行知满意地笑了，又掏出一块糖果递给王友，说：“你能正确地认识错误，这块糖果值得奖励给你。现在我已经没有糖果了，你也可以回去了。”

陶行知的这四块糖被称作滋养学生心灵的“精神糖果”，成为激励学生自省、自律、自强的精神力量。

6. 信任

信任作为一种社会人际关系，存在于人类的一切交往活动之中。就师生关系来讲，信任学生是一切教育教学活动得以展开的前提条件，是决定教育成功与否的关键要素，也是当前教育实践对教师提出的理性要求和职业道德的应有之义。不可否认，教师信任学生，可以使学生在受到尊重的同时更加自律和自信。

谢苗是苏联著名教育家马卡连柯创办的高尔基工学团的一名学生，曾经因为打架和偷窃等恶习而一度离开工学团。后来，当他和那些坏伙伴决裂重新回到工学团后，马卡连柯热情地欢迎他。

有一次，马卡连柯和他谈话，谈了一会儿，谢苗小心翼翼地说：“请您直爽地告诉我，您相信我吗？”

“相信。”马卡连柯很严肃地说。

“不，您要说老实话，您相信我吗？”

“你这该死的东西！”马卡连柯笑着说，“我心里是在想：他总不至于再像以前那样了吧？”

“您看，可见您并没有完全相信……”

“你这是在瞎着急，谢苗。每个人我都相信，不过对这个多相信些，对那个少相信些：对一个人的信任值五个戈比，对另外一个的信任值十个戈比。”

“那么对我的信任值多少呢？”

“对你的值一百卢布。”

“好，没有关系，我再来证明给您看……”

一次，马卡连柯派谢苗去银行领取500卢布，回来后马卡连柯拿起钞票，尽量用最冷淡顺便的口吻问他：“你数了吗？”“数了。”马卡连柯随随便便把那叠钞票往抽屉里一丢，说："谢谢你跑了一趟。去吃饭吧。"但是谢苗心里很不踏实，怀疑老师是在试探他。

过了一段时间，马卡连柯又让谢苗去银行领取2000卢布，并给了谢苗一支手枪自卫，还让他骑上工学团的唯一一匹马。面对老师的信任，谢苗激动得说不出话来，他紧握手枪、跃马飞奔，很快取回钱款让老师查收，可马卡连柯没有查，当谢苗要求老师一定数一数时，马卡连柯诚恳地说："我相信你不会搞错，我知道你和我一样诚实，这一点我以前就知道，难道你看不出吗?"从此以后，谢苗彻底改变，不仅成为一个品德高尚的人，而且还继承了马卡连柯的神圣事业，从事教育流浪儿的工作，取得了很大的成绩。

真正的教育是自我教育，因为这种教育是自我产生的，目的是改善自身行为的，通过实践过程中的自我监控来改善学习和生活行为，来达到完善自己的目的。而教师的信任，无疑是形成学生自我教育的"助推器"。

六、爱生的前提——尊重学生的权利

传统教育过分强调学生的不足之处，强调教师的绝对权威，片面突出学生的义务（如遵守学校的纪律和规章制度、服从教师的管教、听老师的话等），而忽视学生作为一个独立个体所具有的权利。正如卢梭所言：传统教育对孩子们只讲他们的责任，而从来不谈他们的权利。尽管近些年我们的教育改革一直宣称提倡民主平等的师生关系，强调教师要尊重学生，但由于对学生权利的蔑视而引发的教育悲剧还是频频发生。自20世纪中叶以来，保护儿童的各种权利，包括一般人身权利、教育、游戏、娱乐的权利等，已成为国际共同行动。在教育中强化学生责权主体的观念，不仅是重塑新型师生关系的需要，更重要的是，它将直接影响一个国家民主法制意识和道德伦理意识的健康发展。

为了尊重和保护儿童的权利，1959年第14届联合国大会曾经通过了联合国历史上第一个关于保护儿童权利的国际性条约——《儿童权利宣言》。1989年联合国大会进一步通过了《儿童权利公约》。《儿童权利公约》的基本精神是强调儿童不仅仅是被保护的对象，而且是积极和创造性的"权利主体"，拥有"包括生存、发展和充分参与社会、文化、教育生活以及他们个人成长与福利所必需的其他活动的权利"。联合国儿童权利委员会副主席汉姆柏格在解释《儿童权利公约》的基本精神时曾经这样说过：过去人们关心儿童的基点是使脆弱的儿童免受伤害，人们还没有普遍认识到儿童是有自己的能力、观点和想法，应该像所有的人一样受到尊重。汉姆柏格还对《儿童权利公约》基本精神的四个原则做了具体说明：（1）儿童最佳利益原则——任何涉及儿童的事情均以儿童利益为重；（2）尊重儿童尊严的原则——其意义不仅局限于不被杀害或伤害，而是指向儿童生存和发展的质量；（3）尊重儿童的观点和意见的原则——任何涉及儿童的事情，必须认真听取儿童的意见；（4）无歧视原则——所有儿童都应当受到平等的对待，不应受到任何歧视或忽视。因此，将儿童视为平等的人格主体予以尊重是当今世界的普遍性要求之一。教师应当认识到，学生也是一个有独立人格的个体。教与学的关系既是一种制度性的授受关系，也是一种人格上完全平等的人际关系。我国作为《儿童权利公约》的缔约国之一，在履行《儿童权利公约》的同时，在相关法规中也对青少年儿童的权利及其保护做出了明确的规定。

问题是，有的教师并不知道学生拥有哪些权利，尊重也就无从谈起。结合中华人民共和国《教育法》《义务教育法》《未成年人保护法》等相关法律，我国儿童应享有受教育权、生命权、身体权、健康权、身体自由权和内心自由权、肖像权、名誉权、隐私权、财产受到管理保护权、独立财产权、生活获得照顾权、民事活动代理权、休息娱乐权、获得良好的校园环境权、拒绝乱收费的权利、拒绝不合理劳动权、拒绝不合理校内外活动权、著作权和平等待遇权等。概括地讲，中小学生在学校生活中主要的权利有以下几个方面。

（一）生存的权利

《未成年人保护法》第八条规定：父母或者其他监护人应当履行对未成年人的监护职责和抚养义务，不得虐待、遗弃未成年人。

（二）受教育权利

《义务教育法》第二条：国家实行九年义务教育制度。义务教育是国家统一实施的所有适龄儿童、少年必须接受的教育，是国家必须予以保障的公益性事业。实施义务教育，不收学费、杂费。国家建立义务教育经费保障机制，保证义务教育制度实施。第三条：义务教育必须贯彻国家的教育方针……使适龄儿童、少年在品德、智力、体质等方面全面发展。第四条：凡具有中华人民共和国国籍的适龄儿童、少年，不分性别、民族、种族、家庭财产状况、宗教信仰等，依法享有平等接受义务教育的权利，并履行接受义务教育的义务。第十二条：适龄儿童、少年免试入学。地方各级人民政府应当保障适龄儿童、少年在户籍所在地学校就近入学。第二十七条：对违反学校管理制度的学生，学校应当予以批评教育，不得开除。

《未成年人保护法》第十四条：学校应当尊重未成年学生的受教育权……

（三）受尊重的权利

《未成年人保护法》第十三条：学校应当关心、爱护学生；对品行有缺点、学习有困难的学生，应当耐心教育、帮助，不得歧视。第十五条：学校的教职员应当尊重未成年人的人格尊严，不得对未成年学生的儿童实施体罚、变相体罚或者其他侮辱人格尊严的行为。第三十条：任何组织和个人不得披露未成年人的个人隐私。第三十一条：对未成年人的信件，任何组织和个人不得隐匿、毁弃；除对无行为能力的未成年人的信件由父母或者其他监护人代为开拆外，任何组织和个人不得开拆。

《义务教育法》第二十九条：教师应当尊重学生的人格，不得歧视学生，不得对学生实施体罚、变相体罚或者其他侮辱人格尊严的行为，不得侵犯学生合法权益。

（四）安全的权利

《义务教育法》第二十四条：学校应当建立、健全安全制度和应急机制，对学生进行安全教育，加强管理，及时消除隐患，预防发生事故。

《未成年人保护法》第十六条规定：学校不得使未成年学生在危及人身安全、健康的校舍和其他教育教学设施中活动。第二十五条：严禁任何组织和个人向未成年人传播淫秽、暴力、凶杀等毒害未成年人的图书、报刊、音像制品。第二十七条：任何人不得在中小学、幼儿园、托儿所的教室、寝室、活动室和其他未成年人集中活动的地方吸烟。

（五）人身自由权

《宪法》第三十七条规定：中华人民共和国公民的人身自由不受侵犯。任何公民，非经人民检察院批准或者决定或者人民法院决定，并由公安机关执行，不受逮捕。禁止非法拘禁和以其他方法非法剥夺或者限制公民的人身自由，禁止非法搜查公民的身体。公民的人身自由权是宪法所规定的公民的一种基本权利。学生也享有人身自由权。

以上是法律对学生权利的明文规定，是法律赋予学生和未成年人的最基本的权利，是教师必须予以保障的权利，学校和教师都没有权力剥夺。其实承认学生的权利本身就是尊重学生的体现，是最起码的尊重。但在现实的教育生活中，有些老师有意或无意侵犯学生权利，甚至做出严重伤害学生身心的事情。请看下面的案例：

其一，据《北方新报》报道，赤峰市敖汉旗育才学校的老师孙某某在上英语课期间，要求学生王某某对不能回答提问的学生进行殴打。随后，孙某某发现王某某未用力打人，便责怪他，还将其踢倒在讲台下，致使其受伤。

其二，北京市海淀区某小学学生赵海涛和刘伟（均为化名）在校外玩火，学校决定让其停课两周。赵海涛的母亲请求学校给予别的处分，遭拒绝。此后，赵母曾两次带着孩子到学校请求早日让孩子上学，一次被班主任推出教室，一次被学校教导处主任堵在学校大门外。复课两天后赵海涛感到学习很吃力，赵母要求老师为孩子补课，又遭拒绝。教导处主任告诉记者之所以给两名学生停课处分，是因为他们的错误特别严重。①

其三，2009 年 11 月 6 日，某中学高二（5）班数学课上，一名男生的手机响了，班主任王老师径直走向该男生，将他的手机没收，并在课堂上将手机里的短信内容读出："中午放学一起走不？……" 随后，王老师叫起了同班的女生晓新（化名），并对她近期的学习状态进行了点评。当天上午的第四节体育课，晓新没有去上，一直在哭……此后直到跳楼事件发生止，她再也没去学校上课。

11 月 9 日 6 时许，晓新割腕后从其所住的宿舍六楼跳下身亡。

事发后，她的奶奶找到了晓新分别写给奶奶、姑姑及同班 4 名同学的 3 份遗书。此外，在堆满书的写字台上，还有她留下的一段写给班主任王老师的遗言："王老师，您为什么偏要这么做，我恨您。一个人的心理承受能力是有限

---

① 张媛，张燕. 小学生校外玩火被停课两周要求补课遭学校拒绝 [N]. 京华时报，2004 - 04 - 25.

的。您对我有偏见，我知道，可也不至于这样吧，别人的隐私您无权干涉……”“王老师，我恨您，老师为什么逼我，一切都结束了……”这些话，让她的家人震惊不已。他们从晓新的好友处了解到王老师在课上读短信的情况。晓新的奶奶说：“在课上给别人发短信肯定不对，但老师这样做也十分不妥。孙女的自尊心很强，当着全班同学的面受到这样的打击，肯定难以承受。老师的话给她造成了极大的心理压力，使孩子最终走上绝路，学校应对此事负责。”

但是，对在课上念出短信内容一事，班主任王老师却不承认：“我只是提到了短信中的几个字，并没有当众念出短信内容，也没有提到任何名字。晓新这次月考成绩排在班级第五名，她曾找过我希望调座位，我当时就答应了她。每次她上讲台做题，只要答对了，我都当着全班学生的面表扬她。其实，我在她身上倾注了很多关爱……”①

其四，2002年4月24日，西宁市昆仑中学一名13岁学生马祥，在课间玩“跳山羊”游戏时，头着地摔在水泥地上，顿时昏迷、抽搐。被老师发现后，只是对其做了简单的掐人中穴处理，就不再过问，结果导致马祥因颅内大面积出血延误最佳治疗时机，不治身亡。②

以上案例分别涉及学生在校的受尊重权利、受教育权利、隐私权利及安全权利受到侵害。这些事例虽然是个别的，但是也可以说明目前在教师中间，无论是有意还是无意，漠视学生权利的现象还大量存在。教师的行为不仅伤害着学生，也伤害着家庭和社会，更损害了教师“德高为师，身正为范”的形象，同时也践踏了国家法律的尊严，社会影响是恶劣的。班主任也好，一般任课教师也好，没有把学生看成是责权统一的主体。其实，现代教育和传统教育的重要区别之一就是是否把学生看成是责权统一的主体，这是教育民主的重要标志。只有承认学生是责权统一的主体，承认学生与教师一样具有某些神圣不可侵犯的权利，承认学生与教师在人格上是平等的，才有可能真正平等地对待学生，尊重学生，这是爱生的基点。

那么，教师应该怎样保护和尊重学生权利呢？

---

① 赵文萃. 呼和浩特市高二女生跳楼身亡事件调查［N］. 北方新报，2009－11－13.

② 佟丽华. 学生伤害事故预防及处理手册［M］. 群众出版社，2004：132.

首先，要求教师有较强的法律意识，知法懂法。许多在学校生活中引发的过错行为几乎都可归咎于我们的教师不知法懂法。如随便罚学生停课或限制学生上课（严重妨碍其他同学学习者除外），随便用言语侮辱学生，随便藏匿、拆封学生信件，随便将考试分数公开排名次，歧视品行有缺点、学习有困难的学生，在课堂里随便将学生看与所教学科无关的其他书籍或摆弄的其他物品没收，体罚或变相体罚学生，等等。所有这些都是违法行为，因而都是有可能被推上法庭的行为。所以，每一个教师都应认真补上学法知法懂法这一课，真正做到依法执教、依法治校。

其次，教师要有正确的教育观，确立学生发展至上的观点。学校教育的本质是培养人，教师的天职是为学生的发展服务。一切使学生身心受到伤害的过错行为都是有碍于学生发展的，所以都是失职的行为，都是有悖于师德的行为，甚至要承担相应的法律责任。要真正建立一种平等师生关系。平等的本质是什么？平等的本质就是当你以某种态度和行为方式对待别人时，也允许别人以同样的态度和行为方式对待自己。每个老师都可以自问：如果学生以我对待他们的态度和方式对待我，我能否接受。如果答案是否定的，那么，就谈不上人与人之间的尊重。

还有，教师要真正做到依法执教。依法执教要把法定的职业规范转化为教育教学实践活动，以法律为尺度，严格依照法律进行教师职业行为选择。从某种意义上来说，教师的教育教学活动，实际上就是在“执法”。因此，教师的教育教学活动，一定要合法、规范、严谨，要用相关的法律法规来指导自己的教育教学实践。要求教师从教育的方法到手段都符合法律的规定。

七、爱生的关键——教师公正

（一）教师公正的内涵和意义

教师的公正是指教师在自己的教育活动中对待不同利益关系所表现出来的公平和正义。在师生关系中，教师公正主要表现在对学生持民主与尊重的态度，对不同性别、年龄、出身、智力、个性、相貌以及关系密切程度不同的学生能够做到一视同仁、同等对待，不以个人的私利和好恶做标准。

公正是人格的脊梁。孔子说："其身正，不令而行；其身不正，虽令不从。"（《论语·子路》）这句话虽然是对从政者说的，但对教师同样适用。教师既是教育者，同时也是教育活动的设计和管理者。如果教师的行为是不公正的，除了同行、领导的舆论、谴责和制度的制约之外，最主要的是影响教师的威信、良好教学秩序和良好师生关系的形成。

但是，在当前"应试教育"的背景下，很多教师的学生观呈现畸形化，尤其是对"差生"。有的老师对差生不抱任何期望，认为差生本身就不存在希望。他们认为中考、高考是全国的做法，择优录取的"优"就是高分，差生不可能追上"好学生"。实际上，在对若干学校教师问卷调查中关于差生、流失生的未来评价25%的教师都认为"无可救药"，53%的教师认为"爱莫能助"（杨润勇、王颖：《农村初中学生辍学的现状调查和规律研究》，《中小学教育》，2004年第4期），两项合计将近80%。也就是说，大部分中小学老师对差生抱着基本放弃的态度，更不要说公正对待。教师的学生观还能从他们不加掩饰的语言中表现出来，他们认为差生在目前的状况下只能在课堂上当听众。尽管教师也知道应该发挥学生的主体作用，让每个学生在课堂上都动脑、动手，但老师们以为那只是未来教育的一种理想状态，目前是根本无法实现的。

这种学生观反映在实际教育教学活动中则有各种表现，比如分班，尽管教育部三令五申不允许任何部门、任何学校以任何形式分任何快慢班，但几乎所有中学都有"加强班""分流班""奥赛班""实验班"等，名称不同，但实际上都是集中了学校最好的师资、设备、生源组成的"尖子生班"，确保以最佳的"阵容"赢得升学率。相应地，慢班的教学情况就可想而知。在课堂提问上，由于"差生"往往对老师的课堂提问不能较好地回答，甚至连简单的问题也答不上来，有些教师认为提问"差生"是浪费时间，索性就不提问或少提问；在座位安排上，有些教师安排学生座位不是依据学生的身高、视力等因素，而是把"优等生"、有望升学的学生的座位排在教室中间靠前的几排，"差生"则分布在边排和后排，甚至按学生考试名次先后挑选座位；在教学进度上，当前几乎所有中学都存在教学进度"超前化"的倾向，目的是挤出更多时间做大量课外练习，而这样做的结果直接导致本来学习基础和学习能力就差的学生更加跟不上教学，学业成绩也越来越差；在作业批改上，有些"差生”因老师认为他们差得“不可理喻”，或者因“差生”的考试成绩不参加评比，老师在批改他们的作业时往往不像批改其他学生的作业那样认真，有时为了节省时间，干脆就不批改；在班级活动的安排上，有的“差生”不爱学习，却积极参加一些其他的活动，对“差生”的这一优点，老师们还是很欣赏的，所以，“差生”经常被安排参加与学习无关的活动，如义务劳动、体育活动等；在对犯错误学生的处理上，“差生”和“优等生”犯同样的错误，老师对“优等生”往往能网开一面，而对“差生”却斤斤计较，甚至从严从重处理。如此种种差别对待，不一而足。

根据美国兰德公司 1976 年教育改革评鉴报告的结论，教师的期望（自我效能）是影响学生学业成就的主要因素。教师失去了期望（自我效能），就失去了使差生进步的动力，教师也就失去了差生。

那么，教师公正到底在师生交往中发挥什么样的作用呢？

1. 有利于形成良好的育人环境

公正地对待学生是教师公正的重点，这一种教师公正则有利于直接的教育、教学环境的形成。比如在实际教育活动中，我们常常看到，由于教师对优秀学生的偏爱和对所谓差生或后进生的忽视或其他不公正的对待，后进生出于一种反抗心理，往往会强化其“捣乱”的倾向，以各种方式“回报”老师的不公，其结果当然是教育教学秩序的混乱，最终是不利于教育活动的顺利开展。

在研究中了解到，学生认定教师不公是“有意的”和“故意的”。学生罗列的教师“不公正”的表现有：（1）对学习成绩好的学生有笑脸且对其行为听之任之，有错也不批评，多表扬；（2）对家长有钱、有权的学生另眼相看；（3）对差生横眉冷对，不尊重，多批评，不表扬等。学生对这种不公正的普遍反应是不信任教师，不尊重教师。只有 6.2% 的学生（而且大多为初一学生）在问卷中回答遇到问题时先找老师商量；73% 的学生承认“曾以某种方式”反抗过老师的不公正，特别是差生。“差生的心态更为极端：你不公正我就不给你学。学生都有反抗心理，如果老师让我把生词抄 100 遍，我偏抄 99 遍或 101 遍。”[①] L 县 D 初中 21 名学生因不满数学老师（班主任）把“三好学

① 陈会昌. 德育忧思［M］. 华文出版社，1999：88.

生”名额给了本校校长的女儿，在期末考试中集体交白卷，导致该班数学成绩在全镇16个教学班中倒数第一，给班主任狠狠“上了一课”。①

其实缘于教师职业理想不端正的教师不公，其表现还远远多于学生们的罗列，学生们不说却心知肚明。“理想的教师是公平的，对学生一视同仁的，是不存偏见的老师。”② 亲其师方能信其道，教师不公，导致学生不信任感的产生，使绝大多数学生不信师、不尚学。受伤害最深的应数差生，他们是老师不公正待遇的主要对象，当然教学过程中的“教育对待不公正”时常发生，加之差生作为敏感人群，也会对不公正待遇做出比常人程度更大、更强烈的反应——厌学、厌师，长此以往，甚至导致差生流失。

2. 有利于提高的教师威信

上海师大曾经有一次对4500名学生的调查，结果显示84%的被试者认为“公正”是教师工作的重要的职业品质；92%的被试认为，“偏私和不公正”是最不能原谅的教师品质缺陷。③ 由于学生对教师公正品质的期望很高，教师公正与否，当然影响其在学生心目中的形象。一个没有威信或者威信不高的教师注定要成为一个成就不高的教师。

3. 有利于发挥学生学习的积极性

教师公正对学生的学习积极性发挥十分重要。这一重要性体现在两个方面，一个是对学生个体，另一个是对学生集体。对个体而言，教师公正是学生学习积极性的源泉之一。比如，教师对优等生的偏爱和对后进生的忽视或其他不公正的对待就既不利于优等生又不利于后进生的积极性的发挥。对前者的溺爱会助长其骄傲和浮躁的情绪，丧失其不断进步的动力；对后者的忽视当然更会损伤学生的自尊，打击其本来就可能不高的学习积极性。对于学生集体来说，不公正的教师行为会人为地造成学生集体的分裂。其结果当然是集体生活和集体建设的动力减退、集体对学生个体在德育和智育诸方面的教育性降低。

4. 有利于形成学生良好的道德品质

捷克著名教育家夸美纽斯说：“公正应该给一个人及其周围的人们带来利

① 杨润勇. 关注教育机会均等 [M]. 中国财政经济出版社，2003：155.
② 陈会昌. 德育优思 [M]. 华文出版社，1999：87.
③ 王正平. 教育伦理学 [M]. 上海人民出版社，1988：168.

益。从童年起培养儿童的公正时，在对待他们的态度上也应该是公正的。”①由于公正本身就是道德教育的重要内涵，所以教师公正本身直接构成德育的内容。教师要让学生选择公正的生活准则，他自己就必须首先做到为人处世的公正无私。同时在学生的心目中，教师往往是公正、无私、善良、正义的代表，对教师有非常美好的期待。这一美好的期待决定着当教师在与他们的交往中做到公正办事时，他们就会感觉到公正的美好和必要，从而奠定他们在未来社会生活中努力追求道德公正的心理基础。反之，当他们原本有着美好期待的老师不能公正无私时，不仅会伤害他们对于老师的美好的情感，而且会让他们怀疑显性道德教育课程所教授的公正本身的合理性，从而妨碍他们的道德成长。正如夸美纽斯所说：“除了智者，任何人都不能使别人成为有智慧的人；除了能言善辩者外，任何人都不能使别人成为能言善辩者；除了道德的笃敬宗教者外，任何人都不能使别人成为有道德的和笃敬宗教的人。”所以我们也完全可以说，除了践行公正者，任何人都不能使别人成为公正的人。

当老师布置第二天的测验时，小孩可能听乏了，双手悄悄在课桌里折纸玩。老师发现后大发雷霆，将小孩拎上讲台，当众将折纸塞进其衣领。小孩垂手而立，浑身瑟瑟发抖，面对众人不敢将胸口那团鼓突的纸取出。回家后，她突然悲愤交加地说：“我要做坏孩子。”这件事渐渐地被淡忘了。在以后的日子里，小孩可能是慢慢看惯了老师各种各样的惩罚，竟然会眉飞色舞地描绘老师如何用教鞭敲击不开窍的同学，并骂其为“垃圾”。小孩已慢慢地从痛恨惩罚到对此无动于衷，以致看人受处罚而幸灾乐祸。

可见，孩子们应有的自尊、同情、体谅、理解，就这样被老师一次次的不公正对待所销蚀着。教师公正对学生具有示范作用，是学生给自己行为定位的基本参照。

5. 有助于构建良好的师生关系

一项关于北京、安徽、甘肃、浙江等地进行师德现状的调查发现，在开放题“老师最让你感动的地方是什么？你从老师那里获益最多的是什么？你对老师有哪些希望”的回答中出现频率最高的一个词是“一视同仁”，而这个词基本上都是在提对老师的希望时出现的。从问卷中可发现，教师对一类学生偏

---

① 王球. 教师伦理学［M］. 江苏教育出版社，1991：156.

祖，而对另一类学生漠视甚至歧视的现象是比较普遍的。这也是引发学生对老师不满，感觉老师根本不“爱”自己，进而疏远教师甚至采取极端方式抵制老师教育的重要原因。因此，要想构建良好师生关系，教师就要在教育中做到公正、一视同仁，避免“晕轮效应”和“刻板印象”。

当然，我们要求教师公正并非等同于对待所有学生和所有问题都是一个面孔、一个要求、一个方式。实际上，长善救失、因材施教是教师公正或教育公正的另一方面。在对学生的爱护、帮助、评价和奖惩上应当一视同仁。但是一视同仁不能理解为一种刻板机械的公正形式。在落实一视同仁、爱无差等原则时要考虑到学生在个性、知识水平和智力程度等方面的差异，因材施“爱”、因材施“罚”。因为公正的原则既是“平等的应当平等地对待”，也是“不平等的应当不平等地对待”。公正并不意味着平均。

所以，学生的特点不同，教师的教育要求和方式应有所区别，做到在学生原有水平的基础上促进他最大限度地发展，这恰是教师公正对待的体现。教师不能以自己的私利和好恶做标准处理师生关系，应当给所有学生提供平等的学习发展机会。

（二）教师应怎样做到公正

学生眼中的教师公正：

- 对待学生机会平等；
- 平等待人，不偏向他人，不嘲讽及轻视；
- 不考虑学生的家境、服装以及学习成绩，对所有的学生都一视同仁；
- 没有特别偏爱的学生，也没有特别厌恶的学生，待人平等；
- 一视同仁，不对学习不好或纪律不好的学生怀有瞧不起的心理；
- 不给优秀学生开小灶；
- 对学生没有偏向心理，对每一个学生都给予一定的进步机会；
- 对学生一视同仁，不把学生分成三六九等，不论学生学习成绩如何，在同一事上采取同一态度对待；
- 一视同仁，对谁都一样。比如上课发言，应该每个人都叫，不光叫一个人或几个人；
- 对待所有同学都一视同仁，不用有色眼光看人；

• 一碗水端平，不在投票选举时说一些暗示性的话。

以上是学生对教师公正的要求。那么，教师如何才能做到教育公正呢？

1. 教师要树立正确的学生观

教师的学生观是教师对自己的教育对象——学生的基本看法和观点。毫不夸张地说，教师的学生观决定着教师的教育态度及其相应的教育方式，支配着教师的教育行为，并进一步影响到教育教学的实际效果。

现实教育中，很多老师之所以把学生分成三六九等，很大程度上与他们头脑中不正确的学生观有关。当老师认定一些学生“不可救药”，或者教师以为无论怎么做对这些学生都“爱莫能助”时，当教师仅以考试成绩评价学生优劣时，那么，这些“差生”在学校生活中就会遭到老师无情地抛弃。相反，如果老师们坚定每个学生都能成才的信念，那么，即使班级里最“差”的学生，也会在老师的帮助下找到自己的位置，找到学习的快乐，不断进步。

这方面，我们不妨学习下《窗边的小豆豆》里的小林宗作校长。在巴学园里，即使是被别的学校开除的“坏孩子”和有残疾的孩子，依然会得到小林校长由衷的尊重和赞美。他能在整整四个小时里认真倾听一个小孩子甚至有点乱七八糟的诉说；为了能让永远长不高的高桥同学获得和别人一样的自信，小林校长特意在学校运动会设计了好几个项目，在这些项目里，高桥君永远能拿到冠军；他要求孩子们带的盒饭要有“山的味道、海的味道”。还强调说，尽管要有海里和山上出产的东西，但千万“不要太勉强”“不要太奢侈”，山味用“红烧牛蒡丝和煎鸡蛋”，海味用“鲣鱼”就可以了。还有更简单的海味和山味的例子，那就是“紫菜和梅子干”。他巧妙地排除了因孩子家庭贫富的差异而可能带来的歧视，结果是没有一个孩子会有“谁的菜很高级，谁的菜总是很寒酸”这样的想法，只要盒饭具备了海的味道和山的味道这两样，孩子们就高兴。小林校长总是这样说：“我们大家都是一样的，无论做什么，大家都是一样的。”

2. 教师要提高自己的综合素质

一个自私或者有偏见的教师很难做到教育公正，一个明哲保身、胆小怕事的教师也很难做到教育公正。教育公正还意味着教师应当具有疾恶如仇、刚正不阿的品质。教师不仅要敢于同职业范围内的道德弊病进行斗争，而且应当具有对社会丑恶进行批评、斗争的勇气和策略。为此，教师首先在思想上要认识到教育教学公平的重要性，教师要有自己独立的人格，要能够自觉抵制歪风邪气对教育的干扰；有宽阔的胸怀和无私奉献的精神，带着社会责任感和使命感从事教育工作，这样才有克服困难、同不良职业道德进行斗争的动力。其次，在专业知识上，要不断学习和提高自己，使自己既能完成各方面的教育教学任务，还有能力针对不同学生的特点因材施教。

有一个处理作弊的例子说明了公正对于教育技巧的需要。一位教师在监考时发现一个学生抄袭了一道一分的题目。事后，老师在这个学生的试卷上打分为"100－1"。这位学生接到试卷后非常惭愧，立即找到老师，承认错误，要求老师将100分改回99。老师听后，在他的试卷上批了一个"99＋1"，并对他说：知错就改就行，以后要特别注意，这一分是对你能认识和改正错误的奖励……在这一例子中，教师的公正得以真正的落实是与他有高超的教育技巧这一教育素养分不开的。所以教育公正从某种意义上说，就是对一般教育原则的另外一种论证与说明。

3. 学生合理的评价和奖罚

卢梭曾经说过："我们不能为了惩罚孩子而惩罚孩子，应当使他们觉得这些惩罚正是他们不良行为的自然后果。"马卡连柯也认为："合理的惩罚制度不仅是合法的，而且也是必要的。这种合理的惩罚制度有助于形成学生的坚强的性格，能培养学生的责任感，能锻炼学生的意志和人格，能培养学生抵抗诱惑和战胜引诱的能力。"赏罚本身往往不是主要的，学生真正在意的是赏罚所体现出的教师对他们的评价。所以，合理奖惩的前提是公正评价，评价公正也是体现教育公正的一个重要方面。而如何对学生的知识、能力、品质和进步程度给予恰当评价，历来是教育工作者关注和讨论的问题。教师在教学过程中，往往对优等生评价高些，甚至认为只要学习成绩好，其他缺点都可以忽略不计，而对于"差生"却没这么宽容；有时两个同学闹矛盾，教师往往偏向自己喜欢的学生。产生这些问题的原因是多方面的，最主要的是教师受社会上不良道德氛围的影响，其次是因为学校片面追求升学率，还有就是教师个体师德水平欠佳。

因此，教师应做到在评语、规则和分数面前实事求是，不徇私情，公平合理，该奖的奖，该罚的罚，奖得合情合理，罚得心服口服，这样才能使得奖罚背后的评价被学生认可，才能真正达到奖罚的教育性目的。

八、怎样与老师讲平等

民主、平等、和谐的师生关系是现代学校教育中师生关系的基本特征，也是老师们一直努力追求的良好师生关系的境界。但是，究竟怎样理解“师生关系平等”?“平等”是不是就意味着老师能怎么样，学生就能怎么样？是不是意味着教师如何对待学生，学生反过来也可以同样对待老师？是不是意味着在学校生活中的所有领域师生都是无差别的、同样的？坚持民主、平等的师生关系是否意味着排斥教师主导?

（一）如何正确理解“师生平等”

关于师生关系，由于教师和学生在教育过程中所处的地位不同，历史上曾有两种截然不同的看法和表现。第一种认为教师是教育活动的中心，占据主要地位，学生的发展与成长完全制约于教师的教导；教师的责任心、事业心，教师的能力与水平直接决定学生的发展方向与水平。因此，在师生关系中，教师是绝对的权威，学生是服从者。这在古代社会尤其明显，我国古代有“天地君亲师”“一日为师，终身为父”的说法。《尚书·泰誓》中有“天佑下民，作之君，作之师”的说法，将君师并称，强调教师的权威。荀况进而把师提到与天地、祖宗并列的地位，他说：“天地者，生之本也；先祖者，类之本也；君师者，治之本也。无天地恶生？无先祖恶出？无君师恶治?”荀况还十分强调教师的权威与学生的服从，他认为为师之道在于有尊严而令人起敬、德高望重、讲课有条理而不违师法、见解精深而表述合理。因而他主张“师云亦云”(《荀子·大略篇》)。《学记》中明确提出“师道尊严”的权威的教师形象，如《学记》所述：“凡学之道，严师为难。师严然后道尊，道尊然后民知敬学。”特别是自汉代推行独尊儒术的文化教育政策之后，在教育中更加强调“师道尊严”观念：师为上，学为下；师为主，学为从；师为尊，学为卑。西方古代也有“男孩的耳朵长在背上，打他才听话”的谚语。这些都表现出教师的绝对权威和至高无上。

另一种看法认为，学生是教育活动的中心，应居于主要的地位。强调儿童的发展是一种主动的过程，教师的作用只在于满足他们的需要，因而反对教师对学生多加干涉。比如以杜威为代表的儿童中心论者，要求教师不要站在学生面前的讲台上，应该站在学生的背后。这种观念下，必然使教师的地位下降，教师沦为和学生其他的学习工具同等的地位，体现的师生关系是生尊师卑。

“教师中心论”把学生看成可以随意涂抹的一张白纸，可以任意填灌的容器，只能处于从属地位，保持被动状态。“学生中心论”则相反，它把学生视为教育过程的中心，教师只是学生发展的“仆人”。任何事物走到极端也走向了它的反面，显然这两种观点对教师和学生在教育过程中地位的认识是不正确的，也导致师生关系的不平等、不和谐。近代以来，随着人们对教育者和学习者这两个教育过程中基本要素的研究不断深入，随着教育民主化进程的推进，人们对师生关系有了更多清醒的认识。在我国，基础教育领域大力提倡建立民主平等的师生关系，这也是顺应中国社会发展和教育进步的举措，极富理论价值和现实意义。那么，到底怎样正确理解师生关系平等?

提到师生平等，往往出现两种情况：一是把学生拉到和教师一样的高度，过高地要求学生，使学生丧失前进的信心；二是错误地理解“蹲下身子和学生说话”的本意，把自己降低到学生的水平，迁就学生的缺点错误，使学生失去前进的目标和动力。这都不是平等。什么是平等？平等就是双方或几方之间地位相近，权利、义务、责任相同。在学校生活里，教师和学生毕竟是正式组织中的不同角色，处于不同地位，他们承担着不同的职责，要完成不同的任务，所以，师生之间的平等是有范围的。

首先，在教师所教学科领域，教师是理所当然的“传道、授业、解惑”者，是知之甚多者，学生是学习者，是知之较少者。教师有责任帮助学生获取人类某一领域的精神成果，帮助学生获得知识信息，同时发展他们多方面才能，这是教师必须完成的教学任务。从这个角度说，知识富有者和知识贫乏者、先知与后知不可能完全平等。当然，我们由此并不反对如今学生信息来源渠道广、眼界开阔，在某些方面所拥有的知识和能力比老师要强，所以我们依然提倡“教学相长”。

其次，在学校这个正式组织里，教师是管理者、教育者、领导者。他不是以个人身份出现在学生面前的，在教师背后，有强大的社会组织，有国家的教育制度、方针政策和法律法规，有学校的组织体系和各种规范，有同事之间的团结协作，这些都在指导、制约并支持着教师的教育行为。学生作为成长中的个体，作为组织中的一员，在规章制度和纪律规范的约束下，有听从老师教导、服从组织安排的责任。从领导与被领导、管理与被管理这个角度讲，师生之间也不平等。当然，我们也并非由此就排除学生作为学校组织的一员，有参与学校和班级管理的权利，并理应得到教师的尊重。

还有，教师是成年人，有完全民事行为能力，学生是未成年人，不具备完全民事行为能力，所以即使在法律面前，两者的待遇与责任也不尽相同。举例来说，学生之间有矛盾，学生打了学生，一般是批评教育的问题；但如果是教师打了学生，则会触犯法律，要追究法律责任；另外，教师不但有教育学生的职责，而且在一定程度上要为学生的错误或不当行为负责：学生违反纪律，教师要承担管护是否到位的责任，学生学习不好，教师又有教导是否有效的责任；反过来，教师教得不好，却不能让学生负责……所以，师生其实并不平等，因为前者有关爱、保护后者的责任，后者却难有相应的义务。

这样看，师生之间的平等是有条件的。其实，师生平等只适用于两个领域，其一是在追求真理上。“师不必贤于弟子，弟子不必不如师。”（韩愈《师说》）。亚里士多德也说过：“吾爱吾师，但吾更爱真理。”今天，人类社会已经进入了信息化时代，知识的获得可以通过学校以外的多种途径，教师已不再是知识的垄断者，其角色也从知识的传授者向学习的参与者转换。在知识生成过程中，教师和学生是平等的主体。其二，师生之间在人格上是平等的。无论在学习生活还是社会生活的各个领域，学生都有和教师一样的自尊、自主见解和成就愿望。所以教师应该尊重学生的独立思想、情感和个性，尊重学生的人格，师生之间可以进行平等的争论。教师不能摆出一副高高在上、不可侵犯的威严面孔，而应该与学生保持密切联系，进行平等的沟通，鼓励学生主动与教师进行平等对话，促使师生之间由交流而理解，由理解而赏识，由赏识而和谐。这样，学生才能感受到教师对自己人格的尊重，他们的自尊、自信、自强、自立的信念才容易显示出来。

（二）现实教育中师生关系不平等的表现

师生之间在追求真理和人格尊严上的平等尽管一直被呼吁，但真正实施起来并非易事。事实到底如何，我们不妨先看一个调查：

2007年教师节前夕，民进北京市宣武区工委就中小学的师生关系进行了调研。尽管总体状况令人满意，但“互信平等的师生关系”仍是学生期待的重点。调查显示：部分学生对教师的不信任与隔阂感，表现在中小学生在遭遇困境时不易对教师敞开心扉，只有不足1/10的学生愿意与老师说出心里话；不管是小学还是中学，班主任教师高度倾向于对学生采取支配、控制、管治的态度和行为，师生之间缺乏稳定、持续、有效的沟通；有接近一半的学生希望老师要求严格但不要过于苛刻；希望与老师之间像朋友，平等信任、关心理解、轻松愉快，和谐融洽而不是严师；在对班主任教师提出的改进方面，学生希望老师不要过于严厉，不要“整天板着脸，那么严肃”，希望老师每天“多笑笑”。现实教育中师生之间的不平等体现在多方面。

1. 课堂教学中的不平等

课程改革给中小学课堂带来很多新的变化，其中之一就是倡导构建和谐的师生关系，追求师生之间的平等合作、交流和对话。但是，由于班级授课制的局限、班级容量大、教学设备条件落后、教师本身素质不高等原因，目前在相当多的中小学课堂上仍然很大程度上存在着传统教学“三中心”现象。很多教师还是沿用传统的教学模式，在课堂教学中处于绝对主导地位，“一言堂”占据了课堂教学中的绝大部分时间，一味注重单向信息输出，并尽力控制学生的一切学习活动。学生则处于被动状态，老师让干什么就干什么，很少有机会表达自己，甚至连自由提问的权利也被剥夺。

2. 班级管理中的不平等

现代管理是以人为中心的主体性管理，要求充分发挥管理者和被管理者的主观能动性、积极性和创造性，这决定了现代班级管理的民主性要求。但实际上目前中小学“专制型”“权威式”的班级管理非常普遍，“班主任”这一角色不可避免地渗透着官本位的文化特质，班主任的定位刚性有余而柔性不足。这种班级管理模式固然培养出的学生守纪、顺从，但他们亦步亦趋、依赖性强、独立性差、缺乏主动性和创造性，甚至表里不一，更谈不上具备信息时代所要求的创造精神。

3. 正式交往中的不平等

教师与学生的“非正式交往”是以师生之间的友谊为基础的、在正式教学工作之外进行的、没有任何规章制度约束的自由交往。师生之间不平等不仅体现在课堂教学和班级管理等正式的组织和场合中，其实，在师生之间的非正式交往中也广泛存在。比如，校园里师生相逢，往往是学生先热情地招呼老师，而不是老师先招呼学生，甚至有时学生招呼老师，老师仅仅是面无表情点点头；上课前学生毕恭毕敬地向老师鞠躬问："老师好！"而老师往往只是敷衍地说声"同学们好"，甚至只是"嗯"一声；老师生病了学生到医院探望是"应有的礼貌"，而如果老师到医院看望病中的学生就成了难能可贵的"事迹"；老师家访时学生总会为老师搬来椅子热情招待老师，而学生来到办公室很少享受"请坐"的"待遇"；一些学生自主举办的活动教师很少参加，甚至学生请都请不来；教师和学生谈心时依然是一副高高在上的说教者姿态……

李镇西老师曾经讲过这样一个例子。

课间休息，一女生来到办公室："李老师，我想借个杯子喝水服感冒药。"我坐在椅子上，用手指了指角落的书柜："喏，第二格抽屉里有，自己拿吧！"学生找到杯子，自己倒开水服了药，说："谢谢李老师！"然后走了。

上课了，是作文课。学生在下面写作文，我在讲台上批改作业。这时，手中的红色圆珠笔没油了。于是，我轻声地问前排学生："谁有红色圆珠笔，借来用用？"虽然是轻声，但许多学生都听见了。于是，坐在前几排的学生都争先恐后地从书包里拿出文具盒，然后以最快速度打开，找出圆珠笔，他们纷纷把握着笔的手伸向我："李老师，用我的笔吧！""李老师，用我的！用我的！"每一双眼睛都充满了真诚的渴望。还是那位课间向我借杯子的女生反应敏捷，坐在第三排的她几乎是小跑着上前，把笔递到我的手中——在递到我手中之前，她还细心地将笔芯旋转了一下，把原来的蓝色旋转成红色。

这是许多年前的一幕，当然是很普通的事，但至今历历在目。

尽管不一定每一个学生都向老师借过杯子，但我相信几乎所有老师都曾向学生借过笔，并享受过学生争先恐后递笔的热情。

我由这件小事往深处思考：为什么学生向我借杯子，我想都没有想过亲自把杯子递给她呢？而我向学生借笔时，为什么学生没有对我说："喏，文具盒里有，自己拿吧！"

我当然不是说，我向学生借笔时学生叫我自己拿，才是正常的；不，我认为学生把笔递给我是对人起码的尊重。问题是，学生跟我借水杯时，我为什么没有亲自把水杯递给她呢？——说实话，当时我连想都没想过这样做！

因为在我的潜意识里，学生毕恭毕敬地把笔递给我，是理所应当的，因为他们是学生；而如果我把水杯毕恭毕敬地递给学生，则是有失体统的，因为我是老师！

可是，为什么会这样呢？以前我没有这样过，现在我却要问我自己。

师生平等与否，往往通过一些司空见惯的细节表现出来，而且这些细节都是不经意的，但也许恰恰通过许多“不经意”的“细节”，我们就正在为未来培养着公民或顺民。

（三）如何做到师生平等

1. *老师要更新教育观念*

首先，教师要更新教学观。学生不是“知识的容器”，知识和技能只有通过学生自己的探究和发现，最后才能真正内化为学生自己的东西，从而促进学生的发展。学生不仅通过学习活动学到一定的知识，更重要的是掌握一定的学习方法，培养学习和解决问题的能力，为其终身学习准备相应的知识和技能。所以，在教学中，教师是作为引导者、合作者和协助者的身份存在的，师生只能是一种平等、对话、交流的关系。

其次，教师还要更新知识观。教师要重新认识知识对学生的价值，现代社会知识不再被作为一种目的，重要的是让学生在学习活动中得到全面发展，除了知识之外，更要重视学生在学习中的体验和情感。知识不再是永恒不变的真理，学生对知识的鉴赏力、判断力和批判力显得更加重要，学生在一定知识的基础上，利用自身的经验和体验不断创新知识，从而获得思想的解放和全面自由的发展。

最后，教师还要正确确立“平等者中的首席”观念。师生之间只有价值的平等而没有地位高低之分，教师是“平等者中的首席”。并且认识到，在民主平等的师生关系氛围中，教师的作用没有被抛弃，而是得以重新建构，从外在于学生情境转向情境共存。教师是内在情境的领导者，而不是外在的专制者。

2. *老师要确立民主观念，强化师生平等意识*

只有确立民主观念和师生平等意识，教师才能更自觉、更主动地走近学生，进入学生的精神世界，了解学生的情感体验、价值观和精神需求；才有可能用学生最需要的理解、爱、合作、尊严、友谊来调整学生的种种需要、生活学习态度和行为选择。这样就会使学生摆脱因教师的外在影响而产生的疏远感和心理上的压抑感，缩短师生之间的心理和情感距离，消除淡化学生面对教师时产生的畏惧心理。摆脱了学习过程中情感、精神上的空虚、压力和厌倦，学生就会认同教师讲述的道理，形成道德自觉。在行为选择过程中就会自觉地注意自我反省、自我调控和自我完善，追求更高尚的需求，发展更健全、更完善的人格。因此，教师必须树立和强化师生平等意识，去关心、理解、尊重学生，去把握、研究、思考、教育学生，从而获得理想的教育教学效果。

3. 老师要改进与学生交往的策略

要营造一个师生之间平等和谐的交往环境。教师在教育教学中要鼓励每一个学生发表自己的意见和观点，努力营造一个使学生感到尊重和安全的环境。教师在各种教育教学环境中，不要急于代替学生思考和行动，寻找“正确的答案”，应尊重学生自己的思考和行动，充分予以肯定。

教师要善于用类比或隐喻来表达观点或概念。教师不要把观点或偏见强加给学生，而要构建一个机会，让学生能够自由地对各种不同的态度进行思考。教师可以设定一个前提或者用“假如……会怎样”的方式来提问。这样做常常能帮助学生用新的眼光来看待旧的思想。

教师必须保持一种讲话者重视倾听者的感觉。教师必须表现出希望参与交流并且理解听众的样子。花点时间去倾听，在学生看来意味着他（她）是有价值的。说一声“谢谢你”和“没关系”是很让学生振奋的，但这些常见的社会情理，在课堂教学中却常常被抛弃。必须让学生相信教师是真诚的并且希望他们能展现其潜能。

教师要注意人际关系和人际交往的技巧。正如卡茨顿所指出的：“教室是最拥挤的人类环境。”很多时候师生交往常会成为粗俗的、敷衍的和例行公事式的交流。通常在其他地方实行的礼貌，在这里却常常被弃置一旁，特别是在对付难对付的学生时。新时期要求教师提高师德水平，真正建立一种师生平等的关系，因此应该注意人际交往和沟通的技巧，这也是平等对待学生的表现。在交往中教师应该知道学生的姓名，并在可能的情况下用眼睛进行交流等。

（四）师生关系冲突案例分析及反思

教学活动是师生之间的双边活动，师生关系是维持教学活动的基本关系。在教师与学生之间发生的业务关系、伦理关系、情感关系过程中会发生一定的矛盾，如果师生双方没有采取协商、对话等化解矛盾的方法去化小矛盾，而是采取比较不当的言行，将会使小矛盾变成冲突。笔者将结合工作中的实际案例进行分析，对师生冲突中的一些现象进行一些反思，从而去思考新型师生关系的构建。

案例 1：正在上课的时候，有一个张同学举手向我汇报："老师，林同学用粉笔砸我。"坐在这个女同学身后的林同学是一个小调皮，学习成绩还可以，就是比较争强好胜，好狡辩，喜欢在课堂上做一些小动作。听到张同学的汇报，我还没有说话，林同学就大声狡辩起来："我没有砸，是石同学砸的。"我说："人家怎么不说是胡同学砸的呢？"胡同学是坐在林同学边上的一个比较好的女同学。我继续说："你做了错事还不承认，还像一个男子汉呀！"这句话引来了其他同学对他的讥笑，使林同学非常气愤，他气呼呼地看看石同学又愤愤不平地看看我，说了句"有些人才不像男子汉呢"，于是在那儿又是拍书又是砸笔。课后我很快了解到，今天确实不是他去惹事去砸人家的，而是石同学砸的。由于前面说的一番话使我陷入了尴尬的境地，也使我和林同学之间产生了一丝不愉快。

分析：从这个案例来看，由于我误解了学生，学生比较委屈，在辩解的同时还闹起了情绪。幸好我的情绪控制得还比较好，没有用自己的权威去压学生，未使矛盾进一步激化。

反思：1. 教师面对一些突然的事件时，心态上还不够冷静，容易偏听偏信，用自己的思维定式去分析问题，去批评心中认定的问题学生。当碰到两个学生闹矛盾，而自己又没有看到真实的情况时，教师最好的处理方式就是采取"冷处理"，可以课后再来处理或对那块地区加强巡视杜绝问题进一步扩大。

2. 从案例中有可以看出除了我不够冷静外，和教师潜在的心理因素也有关系。教师对于一般"问题学生"都存有偏见，导致教育行为失当。如许多教师认为管束"问题学生"的唯一办法就是要"狠"，必须要压服他们，务必要把他们的锐气磨光。如在案例中，由于这个林同学给我的印象是调皮，争强好胜，好狡辩。所以当我听到他说话时就认定他在狡辩了，就决定给他点“难看”给他点“颜色”，从而导致了自己的误判。当教师要公平、公正地去处理问题时，就不能用有色眼镜去看学生，这是教师特别容易犯的一个毛病，希望所有的老师都能摔掉有色眼镜，戴上一副平光镜。

3. 教师在处理问题时，语言一定不能失控。在案例中虽然教师只是说了一句不算训斥学生的话，但由于产生了一种广泛的效应，使学生的心理受到了刺激，进而产生了反抗的情绪。所以，作为一名教师在处理问题的时候，应该尽量从保护学生的自尊心出发，不要用语言去训斥学生，也不要用语言去恐吓学生，也不要用语言去激将、挖苦、讽刺学生。

案例 2：我们班有一个凌同学，脾气特别不好。有一天，该同学和其他同学之间发生了矛盾，我非常生气，利用中午时间把他的父亲请来，在办公室进行了交流。下午，我已经上了将近 5 分钟课的时候，凌同学进来了，没有喊报告，而且嘴里还骂骂咧咧。于是我就说：“你怎么搞的，来迟了不喊报告，而且还发出不该发出的声音。”只见该同学歇斯底里地开始发作了：“怎么了，我就是要迟到”“我就是要打人”“都怪你把我那该死的爸爸找来，他打我，我就去打别人。”我又教育他几句之后，只见该同学一激动就将桌子给掀了，拎着书包拔腿就跑出了教室。我在事后经过一段时间的了解才知道，原来该同学的父母在他小的时候就离异了，但是平时父亲、母亲也还都管着他的学习。他的父亲脾气比较暴躁，而且他的母亲也经常在他面前说他父亲的不是。上了初中以后，他对父亲的教育也比较反感，对父亲打他也比较痛恨。

分析：从案例中看出，本来我和该同学还没有发生比较大的冲突。但是由于我一次很随意地与家长交流，使该同学和我之间产生了一次大的冲突。冲突的原因主要是我不了解学生的家庭背景，没有取得家长的最好协作。

反思：1. 教师对比较特殊的学生是不是有必要进行提前家访？案例中由于我对该同学的特殊家庭背景不够了解，从而导致了和该同学之间发生了矛盾冲突。如果我能做一个有心人，在知道马上接手的班级中有这样一个棘手的“人物”时就及时了解学生的情况和家庭情况，对这个即将接手的学生进行家访，这次的矛盾和冲突就不会发生了。

2. 教师对比较特殊的学生是不是有必要特殊照顾？案例中当该同学迟到，嘴里还骂骂咧咧进入课堂时，教师能否适当地照顾一下他的情绪，让他做一个适当的发泄。教师对他可以采取“冷处理”，不闻不问先随他去。看他的心态平和下来后再用比较关心的语气问问为什么迟到，可能比在气头上去问他的效果要好得多。对于一部分特殊的学生，教师所要做的工作是在生活的一点一滴中去感化他们，而不是动不动就去训斥，指责他们，“特殊学生”更希望得到教师“特殊的爱”。

新型师生关系的思考：在教育教学中师生的矛盾是客观存在的，师生发生冲突亦是难免的。教师只有在处理好矛盾冲突的时候，才能建立起好的师生关系。新型师生关系构建的理念：新型师生关系应该是教师和学生在人格上是平等的、在交互活动中是民主的、在相处的氛围上是和谐的。它的核心是师生心理相容，心灵的互相接纳，形成师生至爱的、真挚的情感关系。它的宗旨是本着学生自主性精神，使他们的人格得到充分发展。它应该体现在：一方面，学生在与教师相互尊重、合作、信任中全面发展自己，获得成就感与生命价值的体验，获得人际关系的积极实践，逐步完成自由个性和健康人格的确立；另一方面，教师通过教育教学活动，让每个学生都能感受到自主的尊严，感受到心灵成长的愉悦。从平时的教学和案例分析中，我体会到要构建新型师生关系应注意以下几点。

1. 要热爱学生。“教育不能没有爱，没有爱就没有教育”，爱是教育的灵魂。只有热爱学生，才能正确对待、宽容学生所犯的错误，才能耐心地去雕塑每一位学生。

2. 给学生以尊重。尊重比热爱更为重要。因为给学生以尊重学生才能感受师生的平等，才能感受自尊的存在。一旦他们认为失去自尊他们就会失去向上的动力，精神的支柱，由此导致消沉。反之，他们就会获得向上的动力源泉。为此，我们要尊重学生的人格、意愿、隐私权等，采用一切有效的方式肯定学生，赏识学生。

3. 对学生要有研究。正如苏霍姆林斯基所讲的“尽可能深入地了解每个孩子的精神世界——这是教师和校长的首条金科玉律”。只有了解学生的社会、家庭背景、个性差异、兴趣爱好、心理变化、发展特点，我们才有与学生相处的基础。

4. 让学生当主人。知识最终要靠学生自己去掌握，做人最终要学生自己去做。这就决定了学生的主体地位。因此应该让学生主动参与实践，学会自我教育、自我管理、自我成才，才能使学生的个性得到全面展示。在班级采用班干部轮流制，教师让全部学生参与民主管理的班级，这样的班级在后面的学习、活动中都会名列前茅。

5. 改变自己。师生关系是对立统一的，教师处于矛盾的主要方面，在运动变化中起着主导作用。因此，构建良好的师生关系关键在于教师。作为教师首先应该结合自身的工作转变观念，加强自身修养，提高师德素养和教学能力，以高尚的品格和过硬的素质去感染学生，征服学生。其次，应该做好角色的转换。在素质教育中教师不再是独奏者而应是伴奏者，舞台的中心应该是学生，教师的任务是激发学生学习的兴趣而不是学生的监督者。

作为新一代的教师能够正确处理好师生之间的矛盾与冲突，建立起一种平等、民主、和谐的“绿色”师生关系。只有新型师生关系的建立才会迸发出强劲的教育能量，促进教育效果的不断提高。

（五）对教师权威的理性呼唤

1. 正确解读“教师权威”

我们强调师生关系中必须存在民主和平等，但是否由此就彻底否定教师的权威？在今天的学校生活中教师的权威是否必需？要怎样正确理解教师权威？

《中国大百科全书》中对“权威”的界定：“在社会生活中靠人们所公认的威望和影响而形成的支配力量。”权，即权力；威，即威信。教师权威是国家、社会赋予教师的教育权力和教师在教育过程中对学生产生的巨大影响力，从而使学生从内心生成的对教师信赖和服从的一种力量，它是学校教育权威的集中体现。由此可见，教师权威在学校生活中、在处理师生关系中是必需的。但教师权威是一个动态概念，在不同社会条件下被赋予不同的内涵。

在古代社会，教师权威表现为教师对知识的绝对垄断和对学生的绝对支配，“言而不称师谓之背，教而不称师谓之畔（叛）。背畔（叛）之人，明君不纳，朝士大夫遇诸涂不与言”。可见，对教师权威的认可达到了极致。但在现代社会，随着社会转型、民主进程加快及观念变化等，教师权威受到多方面侵蚀，甚至面临消解的危险。

弗洛姆指出，权威有理性与非理性之分。理性权威以权能为基础，可以促进信任它的人的成长；非理性的权威倚仗权势，“在它的屈服者头上滥施淫威”。可见，理性的权威才是真正的权威。教师权威从其来源看，有制度权威和个人权威。制度权威指由教师在学校组织中的地位而产生的权威，个人权威指由学生对于教师的判断、经验及专业知识等方面的信任而产生的权威。在此基础上，制度权威又可分为传统权威和官方的或法定的权威，个人权威可分为感召权威和专业权威。传统权威是基于社会文化传统中教师的身份和地位形成的权威；官方的或法定的权威即由社会制度包括教育法规、条例、章程等获得的权威。感召权威即由教师个人魅力如人格、品德、学识等获得的权威；专业权威即由教师教育教学方面的特长而获得的权威，指教师由于接受过专业的训练，教师由于具有专门的知识、技能，由于社会、学校和家长认可了他的专业资格，因而他能够采取一定的方式和手段进行教育教学并对学生产生实际的控制与影响力。

由此可见，教师权威既源于教育制度，又源于教师自身素质和人格魅力。

2. 合理获得教师权威

首先，提高教师职业的社会地位。教师社会地位的提升一方面依靠外力保障，如从法律上明确教师权利，并使之得到有效保障；切实提高教师的经济待遇，改善教师的工作条件；在整个社会营造“尊师重教”的氛围等；另一方面，依靠教师职业的专业化来提升教师职业的竞争力，真正提高教师个体专业水平，并制定相应的管理措施，如学历准入制定、专业资格认定制度、教师考核和培训制度等，规范教师的职业行为，提高教师素质。

其次，教师要不断提升自身的专业水平和人格魅力。教师要及时更新自己的教育理念，不断汲取专业知识，锻炼提高自己的专业能力，从业务水平上不断精进。同时，提高自身的道德修养和培养良好的性格品质。无声的教育资源，学生在与教师接触的过程中，都会被其巨大的人格魅力所折服，进而从内心对教师信从。

总之，爱生是师德之魂，爱生就要尊重学生的权利、维护学生的权益，爱生就要做到教育公正，爱生就要建立真正民主平等的师生关系，爱生就要合理发挥教师权威的教育意义。教师关爱学生是关心爱护全体学生，是平等公正对待每一个学生。在教师眼里，班上每一个学生都应是将来的有用之才，没有好坏贫富之分，只有先进与后进之别。正如胡锦涛同志所言：“要关爱每一个学生，关心每一名学生的成长进步，以真情、真心、真诚教育和影响孩子，努力成为学生的良师益友，成为学生健康成长的指导者和领路人。”教师既要像严父一样去要求、教导学生，又要像慈母一般去关心、体贴学生。只有这样才能真正做到保护学生安全，关心学生健康，不讽刺、挖苦、歧视学生，不体罚和变相体罚学生。没有爱，就没有教育。师爱就像春雨，在细微处滋润着学生的心灵，教师给予学生的爱应该是公正、公平的，不能因为学生的种族、智商、性别、家庭背景等而有所增多或减少。在现代教育理念中，要求我们教师不要因为学生出现的一点点错误，就抓住不放，进而否定学生其他闪光的地方，教师要懂得欣赏、赞美学生，在赏识中指出学生的不足，以赞许的眼神令学生戒骄戒躁。

请思考

1. 您怎样看待当前中小学师生关系？您认为造成当前师生关系不良的原因有哪些？

2. 理想的师生关系有哪些特征？

3. 您怎样理解师爱？师爱的特点有哪些？师爱的作用体现在哪些方面？

4. 您怎样理解学生是责权统一的主体？

5. 教师应怎样尊重和保护学生的权利？

6. 教师公正在教育过程中发挥什么作用？教师在对待学生时如何做到公正？

7. 您怎样理解“师生平等”？您认为如何才能做到师生平等？

8. 您怎样理解教师权威？如何合理获得教师权威？

第五章

教书育人——教师的天职

教学如果没有进行道德教育，只是一种没有目的的手段；道德教育（或者品格教育）如果没有教学，就是一种失去了手段的目的。

——赫尔巴特

教师是立校之本、师德是教育之魂。教书不仅是传授知识，更重要的是教人。教师是社会道德传统的继承者和传递者，教师不仅把前人长期积累起来的生产经验和科学文化知识传递给学生，而且把前人确定的道德价值观传递给学生。教师还是社会道德新风尚的倡导者和先行者。俗话说：教书育人是教师的天职，它们就像一对孪生兄弟，密不可分。教师必须遵循教育规律，实施素质教育。循循善诱，诲人不倦，因材施教。培养学生良好品行，激发学生创新精神，促进学生全面发展。不以分数作为评价学生的唯一标准。让学生能从我们的课中接受知识和培养能力是我们的责任；让学生喜欢上我们的课是我们的欣慰；让学生从我们的教学和工作中终身受益是我们最大的幸福！教书育人，教书者必先学为人师，育人者必先行为世范。

一、教书育人的内涵

《师说》曰：“师者，所以传道授业解惑也。”对于教师来讲，教书育人是太阳底下最为光荣神圣的职业。韩非子讲得好：世异则事异，事异则备变。“做一天和尚撞一天钟”如今也贬义褒用，被诠释为爱岗敬业，失却青春岁月的同时，收获责任意识。因此，教师应时常把责任心的缺失看作是为师从教的最大失败，此所谓“教育兴亡，匹夫有责”。

教师的本职工作是教书，但教师绝不是照本宣科的教书匠。在世界范围科学技术日新月异、我国教育改革逐步深化的今天，教师尤其应该成为出色的创造者。教师更应该是先进生产力、先进文化的代表，体现着千千万万学生的根本利益。从某种意义上说，祖国的未来、民族的希望，就孕育在我们这些人民教师身上。

重智育、轻德育，重“双基”训练、轻思想教育，这是当前教学中存在的软肋，这已经影响了教学质量的全面提高以及下一代人才的培养。江泽民同志在《关于教育问题的谈话》一文中指出：“教育是一个系统工程，要不断提高教育质量和教育水平，不仅要加强对学生的文化知识教育，而且要加强对学生的品德教育、纪律教育、法制教育。”老师作为“人类灵魂的工程师”，不仅要教好书，而且要育好人。

教书为了育人，但育人的内容比教书更广泛。育人要德、智、体、美、劳并重，当前尤其要强调德育。教育教学工作应坚持德育为先、素质为本，面向全体学生，将德育、智育、体育、美育等有机统一在教育教学活动中，促进学生的全面发展和健康成长。学校建立德育工作机制，改进德育工作方法，寓德育于各学科教学之中，提高德育工作的针对性和实效性。学校还应非常重视班主任队伍建设，加强班主任的学习培训，及时进行经验交流，提高班主任的素质和能力。对全体教师实行一岗双责，既教书又育人，形成全员育人、全程育人的德育工作局面。

百年大计、教育为本，教育大计、教师为本。作为教师，如何真正做到正确的“传道授业解惑”乃至推动社会的发展进步，这就要做到教师的基本职责：教书育人。而怎样才能真正做好这一点呢？

把思想教育融入课堂教学之中。重智育、轻德育，重“双基”训练、轻思想教育，这是当前教学中存在的软肋。这已经影响了教学质量的全面提高以及下一代人才的培养。因此，教书育人，也已成为紧迫的任务。教书为了育人，但育人的内容比教书更广泛。育人要德、智、体、美、劳并重，当前尤其要强调德育。对青少年学生开展思想教育，不光是校长、书记的事，也不光是政治辅导员的事，同时是每个教师的分内事。做学生的思想政治工作，不光是会上宣讲，也不光是课余谈心，还应当渗透在课堂教学之中。教师的言传身教，对学生更有巨大的示范引导作用。教书与育人密不可分，教书育人与为人师表相辅相成。

做到学高为师，身正为范。要成为合格的教师，首先必须成为学生的良师益友，学术上有建树，教学中讲艺术。“弟子不必不如师，师不必贤于弟子，闻道有先后，术业有专攻，如是而已。”抱着这种态度，要尽量做到与学生进行良好的沟通，设身处地为学生着想。

做到课时结束，责任并不结束。执教鞭过程中我最深的一点体验就是，教师应该千方百计地将学生吸引到课堂中来，培养他们对学习的责任感。对成绩不理想的学生，不应该否定和打击，树立他们的自信心，鼓励他们发挥自己的所长，正视就业压力，推动他们前进。每周的课时是非常有限的，课堂上教授的主要是理论知识；课堂外作为教师同样肩负着传道、授业、解惑的重任，教会学生如何充实自己、修养身心。课时结束，并不意味着责任结束。

懂得有一种美丽叫真诚。学生像春天的花朵，送走一届，又来了一届，我们只有坐到真诚地热爱学生，真诚服务学生，以情感人，以理服人，情系学生冷暖，为学生排忧，为学生解难。毕业的花朵在每个节日前夕都会发上一个短信，打上一个电话，送上一个祝福。这是做老师的骄傲，我们还要求什么呢，我们已心满意足。

此外，教书育人的另一个重要的方面是真正让学生参与进来，让学生真正坐到主体的位置。对于教师来说，学生是授的客体；对于解决教学任务的一系列认识活动来说，学生又是学习的主体，是学习的主人。学习是学生在老师的引导下解决教育教学任务获得一定知识、能力的一系列认识活动。学生是有主观能动性的，在教学活动中是积极的参与者，而不是一个被动地接受教师灌输知识的容器。他们根据自己的需要和兴趣可以很好地接受教师的教育，也有权利抵制这种教育。

二、教什么？育什么？——教师的根本任务

雅斯贝尔斯说："将教育仅仅停留在知识的传授上，这种教育是没有灵魂的。"教师职业的本质特性就是影响人的心灵，提升人的道德境界。教书育人表明了教师这一行业的本质特征，指出了教师这一行业与其他行业的根本区别。同时，教书育人也是教师基本职责的概括，指出了教书育人是为师从教的基本职责和根本任务，向世人表明，教书育人是教师的天职。只要为师从教，就有这个职责，不认真履行这一职责或不履行这一职责，就不是一个称职的教师或根本就不配做一个教师。

（一）遵循教育规律，实施素质教育

素质教育是全面贯彻党的教育方针，以提高国民素质为根本宗旨，以培养学生的创新精神和实践能力为重点，造就德智体等全面发展的社会主义建设者和接班人的教育活动。素质教育有三个要义。其一，素质教育要面向全体学生，而不是面向少数文化知识考试成绩好、分数高的学生。这既是我国社会主义教育性质所规定的，也是我国社会主义现代化建设事业所需要的。其二，素质教育要促进每一位学生基本素质的全面发展，而不是片面发展，更不是单纯应付考试。这既是我国基础教育的性质和任务所要求的，也是马克思主义关于人的全面发展理论所要求的。其三，素质教育要促使学生主动、生动、活泼地发展，而不是被动、呆板、机械地发展。这是现代教育发展的必然趋势，符合人的身心发展特点。

素质教育是为了全面提高学生的素质，也就是为了提高全体受教育者综合素质的教育。素质教育从本质上说，是以提高全民族素质为宗旨的教育。

从其特点来看，素质教育具有全体性，即素质教育面向全体国民，是任何一名社会成员都享有受到正规或非正规的一定程度的教育。提高整个民族的素质是实施素质教育的根本目的。素质教育具有主体性，即实施素质教育必须以学生为主体，教育者必须尊重学生的主体地位和学生的主动精神。在学校里，素质教育最终必须落实到每一个学生身上，每个学生都是素质教育的承受者与体现者。素质教育具有全面性，即素质教育是以全面提高学生的基本素质为根

本目的，以注重开发受教育者的潜能，促进受教育者德智体诸方面生动活泼的发展为基本特征的教育。素质教育具有发展性，即素质教育着眼于培养学生自我学习、自我教育、自我发展的知识与能力，使学生学会选择、学会观察、学会创造，以适应不断变化的社会对人的要求；同时，素质教育把学生的差异当作资源开发出来，把发展人的个性作为人身心发展的需要和社会发展的需要。学校和教师创造必要条件，保证每个学生都能获得成功，同时，教育学生学会正确对待困难和挫折，培养他们良好的非智力因素。

（二）树立综合发展观，促进学生全面发展

学生是处在发展过程中的人。发展意味着不成熟、不完善。作为一个发展中的人，学生具有这样或者那样的不足是正常的，而十全十美的学生是不存在的，因为人无完人，所以对学生不切实际的要求是错误的。没有矛盾，就失去了发展的动力。理解了这一点，教师就可以理解学生身上存在的缺点，就会允许学生犯错误，就不会对学生求全责备。当然，作为教师仅仅理解学生的缺点是不够的，更重要的是要帮助学生克服缺点，改正错误，不断地促进学生身心发展，把学生培养成这个社会所需要的既有知识又有能力、既有实践能力又有创新精神的德智体全面发展的人才。

1. 教师应既注重知识传授，又重视能力培养

知识从总体上说，就是人们对于客观世界的现象、事实和规律的认识。能力，按照心理学上的解释，是顺利完成学习和其他活动任务的个性心理特征。知识和能力之间存在着密切的关系。首先，能力是知识发展的前提，没有基本的能力，知识的学习只能是一句空话。同样，知识的增长也是能力发展的基础，“无知即无能”说的就是这个道理。比如，分析问题的能力没有一定的知识经验做保证是不可能深刻的。

但是传统教育把学生当作装载知识的容器，只注重知识的灌输，“填鸭式”“灌输式”充斥着基础教育的课堂。不求甚解而又大量透支学生的体力与心力，使学生每天重复着繁重的无意义的机械劳动，造成学生的普遍厌学。

一次，陶行知先生应邀到武汉大学讲演。未曾开讲，却从皮包里抓出一只活蹦乱跳的大公鸡。全场听众正在莫名其妙的时候，陶先生却从容不迫地在讲台上喂起鸡来。先生掏出一把米，按着大公鸡的头让它吃，它偏偏挣扎着不

吃；再掰开大公鸡的嘴喂它，它还是不肯就范。直到先生松开大公鸡的脖子并退后几步，大公鸡才旁若无人地自己吃起来。这时陶先生开始了他的讲演："我认为，教育就跟喂鸡一样！先生强迫学生去学习，把知识硬灌给他，他是不情愿学的，即使学，也是食而不化，过不了多久，他还会把知识还给先生的。但是，如果让他自由地学习，充分发挥他的主观能动性，那效果将一定会好得多！"

苏霍姆林斯基说："我们扪心自问，就该直言不讳地说：'我们有许多学生是在那里背书，而不是在阅读，教材里的思想并未进入他们的内心深处！'"死记硬背不仅危及智力发展，而且对道德发展也是极其有害的。死记硬背会抹杀教材的思想内容。

当代社会，由于科学技术的飞速发展导致"知识爆炸"，知识经验陈旧周期加快，掌握全部或大部分知识既不可能也失去了必要性，重视知识的传授的教学观受到了严峻的挑战。因此，教学的主要任务不是传授知识而是培养学生的能力，着重培养学生学习、掌握和更新知识的能力，所谓的"授之以鱼不如授之以渔"。而我们的学校和教师仍然抱守着"学习知识多多益善"这条准则，甚至被视为金科玉律。

2. 教师应既注重实践，又崇尚创造

素质教育要求教育着重发展学生的实践能力和创新精神，这是时代发展的需要，也是我国传统教育培养学生一直被忽视的。

一位老师在科技课上告诉小学生们，硫酸是一种腐蚀剂，能够除掉铁锈，恢复铁器光亮的表面；但是如果不小心滴到衣服上，就会烧出一个洞。乐乐听了老师的课，回家就用硫酸擦拭一只生锈的铁勺，果然擦得锃亮，得到了妈妈的夸奖。于是他心里想：老师真是了不起，听了他的话果然尝到了甜头！依依也听了老师的课，回家后她故意把硫酸滴到自己的衣服上，结果烧出了一个洞，挨了妈妈一顿训斥，于是她心里想：老师真是了不起，不听他的话，就会吃苦头！孩子创造性的萌芽就这样慢慢消失了。

那么创造型学生具备哪些特征呢？美国心理学家托拉斯认为主要有如下几个：兴趣广泛，喜欢对复杂新颖的事物思索；语言表达能力强；幽默感和较高的审美能力；反应敏捷，思维缜密；记忆力强，工作效率高；喜欢独立判断，不人云亦云；自信心强；喜欢思考人生价值和哲理等抽象问题；生活范围广，社会能力强；抱负水平高，志向远大；态度坦白直率，情感开朗。

研究表明，具有下列特征的环境对创造力的发展是有利的。一是文化刺激的多元性。表现为教师不是用固定的文化刺激作用于学生，允许学生有不同的观点、兴趣、习惯、生活方式等，教师并不强求学生整齐划一。二是容忍学生的失败，并承认失败的价值。创新意味着不确定性，意味着冒险和失败。教师要鼓励学生从不同角度、不断尝试各种不同的方法，并允许学生尝试失败。教师如果要求学生循规蹈矩，事事成功，不敢越雷池一步，将把学生的创造力扼杀在萌芽之中。三是突出创造的价值。让每个学生都懂得创造是人类文明之源，使学生以创造为荣。四是保护学生的好奇心、自尊心和自信心。

在我们的新课程改革中，其实已经注意到学生在这些方面发展的不足，也在不断改革课程，发展学生的实践能力和创新精神。比如，新课程标准中关于在中小学开设综合实践活动课程和在高中开设研究性学习课程的规定，就是为了培养学生的实践能力和创造能力。

为此，教师要做到：树立正确的人才观念，注重对学生的情感教育，创设有利于学生创造力发展的心理环境，克服消极文化的影响。

3. 教师应既重视知识教学，又重视道德教育

上海市尚文中学特级教师、全国先进工作者、全国师德标兵黄静华，曾经说过这么一件事：有一次，她在北京开会，得知班上三个小男孩在逛超市时，顺手拿了三支他们喜欢的笔。尽管知道他们已知错、认错，但是黄老师还是急得寝食不安，因为这说明自己平时对孩子的教育没有真正入耳入心，没有内化为他们的自觉要求和行动。回到上海，一下飞机，她顾不得回家吃晚饭，匆匆赶去超市买了三支新型、精致的笔，分别送到了三个小男孩的家中。孩子们见了黄老师开始都很不安，低着头准备挨批评。她知道，如果此时狠狠地批评他们，反而容易使他们产生自暴自弃的心理，因为犯了错误的孩子更渴望得到成人的宽容和信任，这时要特别注意保护他们的自尊。黄老师把笔递到了孩子们的手里，并告诉他们，以后需要什么，可以对爸爸、妈妈讲，也可以对老师讲，可千万千万不能再干这种糊涂事了。没有斥责，没有严厉的批评，三个孩子拿着老师给的笔，都流下了悔恨的泪水。老师的真诚感动了孩子们。

不久，其中两个孩子在路上捡到了一只装有现金和重要物品的塑料袋，他们几经周折，才找到了已搬迁至浦东的失主——一位年逾古稀的老人。老人家

激动不已，特地来到学校，一定要给他们每人50元酬金，以示感谢。可孩子们婉言谢绝了，他们说："这是我们应该做的。"当她目送两个孩子搀扶着老人走出校门时，心中感慨万千，有谁会想到，这两个孩子前不久还犯了错呢。

教师工作的基本目标不仅在于做学生知识的源泉，而且要做学生精神的领路人，即引导学生个体精神世界的生长、生成，启迪他们对人生和世界的美好情怀，诸如爱、希望、信心、善良、诚实、正直、幸福感等。给他们一生奠定良好的精神基础。苏霍姆林斯基说过："培养全面发展的人的技巧和艺术就在于：教师要善于在每一个学生面前，甚至是最平庸的、在智力上发展最有困难的学生面前，都向他打开他的精神发展领域，使他能在这个领域里达到顶点，显示自己，宣告大写的'我'存在，从人的自尊感的源泉中汲取力量，感到自己并不低人一等，而是一个精神丰富的人。"

三、在教学活动中如何做到既教书又育人

苏霍姆林斯基说："深湛的知识，广阔的视野，以及对科学问题的浓厚兴趣，这一切都是教师用以引起学生对科学知识学习过程的必备条件，教师的知识越深湛，视野越宽广，各方面的知识越宽厚，他就在更大程度上不仅是一名教师，而且是一位教育者，一个学识渊博、业务水平高、教学效果好的优秀教师，一定会受到学生的尊敬和信任。"一个受到学生尊敬和信任的教师才会有好的教育效果。教学是周而复始、多次反复的过程。如果不提出新的要求，往往陷于乏味疲沓的境地。因此，教师要不断地给自己提出教书育人的新目标，向更新、更高的境界前进，走教学改革、创新之路，常教常新，绝不能在封闭的圈子里打转。有劳动就必然有成果，有耕耘就必然有收获。

教书育人是"教"与"学"双向结合、双边活动的过程，在教学活动中，教师既要认真传授科学知识，又要注重思想教育，要把二者有机地结合起来。根据多年教学实践的体会，笔者认为主要把握三点。第一，寓思想教育于传授知识之中。我们所讲授的知识中，一般都包括科学性因素和思想性因素两个方面，教师要善于挖掘蕴藏在所授知识中深刻的思想性内容，并加以正确的引导和阐述，在许多课程中，知识本身包含着科学的逻辑思维和深刻的辩证法。第二，寓思想教育于各个教学环节之中。除了课堂讲课之外，辅导答疑、考试考

查、批改作业、课外活动、毕业实习等环节，都是进行思想教育的机会和手段。学生在这些环节中，既能表现出他们掌握知识的深广程度，又能表现出他们的思想观点和感情，还能表现出他们的智慧和才华，教师应该因势利导、循循善诱，启迪他们独立思考、勇于创新、乐于奉献、敢于竞争。教师治学的严谨，能给学生提供良好的示范，对培养学生的责任感、纪律性和职业道德都有很大的作用，具有强烈的感染力。第三，寓思想教育于师生的交往之中。师生关系除了表现在教学环节之中，还表现在师生平日的交往之中，通过交流思想观点、学术观点、爱好志趣以及理想追求等，可以促进师生之间的相互信任，以诚相待，能够收到课堂上难以得到的良好效果。

教师要力争成为学生的良师益友，首先要爱学生，爱是教师的美德，爱是育人之本。教师对学生的爱护，最主要的是教给学生应有的科学知识和做人的道理。爱护之情体现在严格要求之中，迁就纵容学生，无异于误人子弟。子不教父之过，教不严师之惰。思想教育要具有说服力、感染力、鼓舞力，教师在教书育人中，既要言教，又要身教，身教重于言教。学为人师，行为世范。教师职业的特点就是以人格来培养人格，以灵魂来塑造灵魂，教师要用自己的人格魅力去影响、感染学生。教师对学生的影响将贯穿于学生整个受教育过程的始终，甚至可以说影响学生的一生。作为教师要诚实守信，为人师表、坚持原则、作风正派、治学严谨、谦逊礼貌、仪表端庄、言行一致。然而再高明的教师也不可能事事通，再精明的头脑也不可能样样懂。教师也会有缺点、失误，教师做错了事，要敢于承认，善于改正。这样不但不降低威信，反而会赢得学生的信赖。

四、从教育过程来看，教书育人是一个系统工程

从教育的过程看，高尚的师德是实现教育根本功能的前提。因为学生的身心健康、思想品德的高尚、智能发展的充分很大程度上取决于给他们提供养分的教师的综合素质。师道不立，其教不成，学生成才就成了无源之水、无本之木。在学生心目中，教师往往就是社会的规范、知识的化身、道德的楷模。他们不仅把教师看作是学习的榜样，甚至模仿其言行举止。有人说过：“疼爱自己的孩子是一种本能，而热爱别人的孩子是神圣。”教师对学生就需要这样一

种神圣的爱，她不求回报，严慈相济，这种爱是学生接受教育的感情基础，因为，一旦学生体会到这种爱的情感，就会“亲其师”，然后“信其道”，也正是在这一过程中，教育才能实现其根本的功能。有了对教师道德的正确而深刻的认识，就会增强修养师德的自觉性。

教书育人是一项极其崇高、极为复杂的人才培养工程。教书育人也是教师职业道德、行为规范的一项神圣使命。一句话，教书育人是教师的天职。任何一位教师，不管他承认不承认，不管他自觉不自觉，都在做着教书育人的工作。自觉地做，育人的效果会更大、更好、更显著；不自觉地做，育人的效果就会打折扣，就不那么明显。因为，教师的每一堂课，每一次辅导答疑，乃至一言一行、一举一动，面对的都是学生，都会对学生起着潜移默化、循循善诱的作用。这就是说，在教书育人问题上，教师要自觉地、主动地有心为之，并且要日积月累，坚持不懈，一以贯之。当然，他们讲的育人必须是符合时代精神，热爱祖国，健康向上，与时俱进。教学需要改革，改革出效益。在新技术高度发展的21世纪，人们劳动主要不再完全靠体力，而是以知识和智慧为基础。一个人在校学习的时间和记忆力是有限的，教师不可能把所有的知识都教给学生，所以教学的立足点应由“知识灌输”转向“能力培养”，逐步使学生由知之不多到知之较多，由学会知识到会学知识，主动地把学到的知识化成能力和素质。教师在课堂上要力戒形式主义，从教学结构上、教学方法上加大改革力度，真正做到“精讲精练”。精讲学生必须掌握的或不易理解的知识，抓住重点和难点，把有限的时间更多地留给学生，让学生动脑、动口和动手理解，接受新的知识。精练要形式多样，层次分明，每次练习不是简单的重复，而是循序渐进，逐步登高。“一支粉笔一张嘴”的传统教学方式难以适应信息化的现代社会。教师要主动学习，应用现代教育设施和教学手段促进和优化课堂教学，提高课堂教学效益。潜心教改，减轻学生负担，提高教学质量是当代教师义不容辞的责任，也是衡量教师职业道德的重要标准。

五、教书育人的具体做法及目标

教书育人要求必须“遵循教育规律，实施素质教育”，为实现“促进学生全面发展”的终极目标，在“循循善诱、诲人不倦”过程中，追求教学方法的实效性，注重“因材施教”，多维度评价学生，“不以分数作为评价学生的唯一标准”。要真正做到这些，需要教师切实转变教育观念，把单纯强调学生学业成绩的应试教育更新为促进学生德、智、体等各方面的全面发展的素质教育。遵循教育规律，明晰学生的年龄特征和认知规律，循序渐进，针对每一个学生的性格特点，因材施教，耐心地教育、引导，平等对待，让不同层次的学生都成功。积极探索学生评价的多维策略，以促使其健康、良性发展为宗旨，给学生一个客观公正、委婉指缺但不斥责、富于激励但不浮夸的综合性评价，使每位学生在教师的帮助下，在各方面均有不同程度的提高。强调德育目标，要求教师“培养学生良好的品行”。教书是手段，育人是目的，要本着“教育无小事，处处皆育人”的理念，通过言传身教、潜移默化等方式，帮助学生形成一种健康向上的生活态度，养成良好的德行，以一颗真心善待身边的每一个人。将“激发学生创新精神”纳入教师职业道德范畴，能否培养出具有创新精神的人才，关系到国家的兴衰，决定着我国在未来国际竞争中的成败，因而，这就要求我们广大的教育工作者把激发、培养学生的创新精神作为教学的第一要务来抓，不教死书、死教书，用一颗灵动的心和一双善于捕捉学生创新火花的眼睛，有意识地培养学生的创新意识，激发学生创新精神，让星星之火燎原，让智慧之光熠熠生辉。

总而言之，教书育人是教师的天职，教书是手段，育人是目的。因此，教师在任何时候都不能忘记，自己不单单是为教书而教书的“教书匠”，而应是一个教育家，是人类灵魂的工程师。这个工程师是通过教学活动，在学生心灵上精心施工的，目的在于培养学生的共产主义世界观和道德觉悟。这就要求教师必须全面贯彻党的教育方针，坚持以德育为首，五育并举，做到既教书又育人。

请思考

1. 教书育人的内涵是什么？
2. 教师的根本任务是什么？
3. 在教育活动中如何做到既教书又育人？
4. 教书育人的具体做法及目标是什么？

第六章

为人师表——教师职业的内在要求

教师个人的范例，对于青年人的心灵，是任何东西都不可能代替的最有用的阳光。

——乌申斯基

有人说，师德如同水银落地，无处不在，在教育实践过程中处处需要师德，处处彰显师德。教师这一职业，不仅仅是教书的职业，更是育人的事业，正是基于教师职业育人的重要性，苏联教育家加里宁将教师美誉为“人类心灵的工程师”，得到人们的普遍认可。丰富人的智慧，培育人的心灵，陶冶人的情感，磨炼人的意志，发展人的个性，这些都不是仅凭说教性的开导就能完成的，还需要教师处处以身示范，事事为人师表。所以，才会有“学校无小事，事事皆育人；教师无小节，处处是楷模”的说法。

一、为人师表——彰显教师的德行魅力

教师职业是富于责任感的事业，要求每一位教师必须做一个有道德的人、高尚的人，真正成为“师者，人之模范也”（扬雄：《法学·言行篇》）。捷克教育家夸美纽斯说：“教师应该是道德卓越的优秀人物。”法国教育家卢梭也说过：“在敢于担当培养一个人的任务之前，自己就必须早就成一个人，自己就必须是一个值得崇拜的模范。”为人师表是教师职业的内在要求，之所以对

教师有如此要求，是因为为人师表、以身立范对学生、对社会有巨大意义。

（一）为人师表对学生有教育功能

陶行知先生有一句话，发人深思，给人警醒：教师的职务是“千教万教，教人求真”。学生的职务，是“千学万学，学做真人”。虽然只有十六个字，却道出了教育的真谛。教师在塑造学生灵魂的过程中，起着极其重要的作用。教师的教养，随人、随时、随地都会体现出来，良好的风度仪表，得体的举止言行，给学生以直观的教育和潜移默化的影响。正因为如此，教师的师表形象是决定对学生的教育是否有效的直接因素。而且，一旦自身的言行品质有所欠缺的时候，将会使学生向相反的方向发展，产生极其不良的影响。

著名教育家乌申斯基曾经指出：“教育者的人格是全部教育的基础。”苏霍姆林斯基在《关心孩子的成长》中写道：“每一个成人都应该记住，只有当他们的行为正直而高尚的时候，他所坚持的道德观念才能深入到学生的心灵中去，并支配孩子的思想和感情。没有实际行动就谈不上道德。为儿童树立榜样首先意味着鼓励儿童去做好事。”在教育教学过程中，教师自身的品德和行为是强有力的教育因素。教师高尚的道德行为对学生是一种期望、一种召唤、一道无声的命令，更是引导和激励学生完善品德、积极向上的一种精神力量。教师正确的世界观、人生观、价值观，高尚的道德思想，对学生有着积极的导向作用，它能帮助学生辨别善恶美丑，提高道德认识，引导学生形成正确的人生观、价值观和道德意识；教师积极的道德情感形象，富于生动性和感染性，可以引起学生情绪和情感上的共鸣，培养学生丰富的道德情感和健康的情绪；教师坚毅的道德意志，对学生有很大的激励作用，它能增强学生克服困难的信心与力量，鼓舞学生锻炼坚定的意志和顽强的毅力；教师高尚的道德行为，对学生有着直接的示范作用，它能指导学生选择正确的道德行为，培养学生良好的道德行为习惯。

鲁迅先生在《朝花夕拾·藤野先生》中记载了在日本留学时，有一位他非常尊敬的老师——藤野严九郎先生，他对鲁迅的影响十分巨大而又深远。鲁迅回国在北大任教时，把藤野先生的照片挂在住所的墙上，书架的对面。鲁迅说：“每当夜间疲倦正想偷懒时，仰面在灯光中瞥见他黑瘦的面貌，似乎正要说出抑扬顿挫的话来，便使我忽又良心发现，而且增加了勇气。于是点上一支烟，再继续写些为‘正人君子’之流所深恶痛绝的文字。”

无数教育实践证明，教师道德本身就是一种巨大的教育力量，对学生起着潜移默化的作用。教师从事教育劳动的重要工具和手段是自己的人格，教育功效的高低也反映了教师人格的健全程度。这都决定了教师应当为人师表，从各方面提高自己的思想道德素质，成为学生的表率。英国教育家洛克在《教育漫话》中强调：“教师应当以身作则，使儿童去做他所希望做的事情。教师的行动千万不可违反自己的教训，除非存心使儿童变坏。”

由此可见，教师的榜样力量是无穷的，它像一面旗帜，树立在学生面前。教师的一言一行，具有鲜明的示范性。学生们由于处在身心急剧发展、心理素质正在形成的基础阶段，往往缺乏辨析能力。因此，教师的言行，学生极易照样接受，很少去鉴别。近朱者赤，近墨者黑，不是空论。身教是教师天职。教师要对学生一生负责，必须正视自己的言行。以身作则，才能为人师表。要求学生做到的，自己必须先做到。如果言行脱节，说做不一，或者是要求学生这样做，自己却那样做，只能引起学生反感，造成恶劣影响。拥有健康的人格品位，才能在学生中树立威信、得到敬重，起到榜样作用。身教是教师良好素质的体现。教师的言传身教，能感染、感化学生，形成号召力；教师良好的心理品格、道德水平、敬业精神等，使学生感到可信、可亲，形成凝聚力；教师要求学生做的，自己必须率先垂范，才能使学生感到可敬、可佩，形成制约力。在学生眼里，教师是智慧的化身、道德的典范。教师劳动的对象是不成熟的少年儿童，他们正处于动态的发展中，有着很强的向师性，教师的一言一行、一举一动，都有可能给学生予扶危定倾。俗话说：“教育无小事，事事是教育；教育无小节，节节是楷模。”为人师表，身教重于言传。

（二）为人师表可以净化社会风气

社会上的各种职业，都会与人们发生一定的联系，各种职业道德也就必然会对社会产生一定的影响。但是，由于各种职业的劳动特点不同，其职业道德对社会影响的深度和广度也就会有所不同。与其他职业道德相比，教师职业道德对社会的影响显得更广泛、更深远。

教师的为人师表直接关系学生人格的塑造，影响学生一生的做人品质，并进而影响整个社会的前途和未来。教师对学生的影响一旦形成，就不会随着学生学业的结束而简单消失。这种影响已经凝结成为学生内在品质中比较稳定的一部分，从而将伴随学生的一生。

再从整个教育事业、整个社会方面来看，教师职业道德的影响同样是长远的。教育是一项代表未来的事业，它是为以后十几年、几十年培养人才的，是百年大计。而教师的职业道德状况如何，将直接关系教育劳动的成败，关系教育事业的兴衰，关系未来社会主人的科学文化素质和思想道德素质，关系国家、民族的前途和命运，影响“千秋万代”。

教师是以灵魂塑造灵魂，以信仰建立信仰的职业。在任何时代、任何社会，教师都是社会道德的代言人和推动者。师德本身不仅在学校德育中具有示范性，对全社会而言更具有超前性，即教师在道德风范方面还要领先于社会，为全社会的精神文明建设做出榜样。

正因为教师的道德水平不仅直接影响到学生，还可以间接地影响全社会公民的思想道德水平。所以，教师一定要顺应社会的发展趋势，按照时代的要求，不断加强自身的道德修养，以“教书育人，爱岗敬业，为人师表”这一新的师德理念去影响公民道德建设，真正承担起价值引导的实践者的重任。

二、为人师表——追求真善美的理想人格

人格，是做人的根本之格，是现实中体现个人特色的思想和行为的总和，是除了环境以外影响个体行为的个体自身的所有因素的总和。换言之，人格是人们在社会生活中通过自身的言、行、情、态等所表现出的为人的品位或格调。教师的人格是指教师应具备的优良的情感及意志结构、合理的心理结构、稳定的道德意识和个体内在的行为倾向性，它是教师的内在品格与外在行为的统一。苏霍姆林斯基曾说：“理想、原则、信念、兴致、趣味、好恶、伦理、道德等方面的准则在教师的言行上取得和谐一致，这就是吸引青少年心灵中的火花。”这句话充分显示了教师追求真善美的理想人格的教育意义。既然教师人格是教师内外兼修的结果，所以，尽管教师人格所涉及的范围比较宽泛，我们主要从以下两方面来认识。

（一）蕴蓄于内——教师良好的个性品质

不同的遗传因子、家庭背景、生活阅历等因素，使人在气质、性格、爱

好、兴趣、情感等各个方面都存在差异，正是这些差异才使人个性迥异，特点不一。乌申斯基说过："在教育中，一切都应该以教育者的个性为基础。因而教育的力量只能从人的个性这个活的源泉流过出来，任何规章制度、任何人为的机关，无论设想得如何巧妙，都不能代替教育事业中教师人格的形象。"现代教育要求打破统一，倡导多样，实现教师专业发展的个性化和差异化。理想的教师个性包括哪些内容呢?

1. 丰富稳定的情感

教师是教育者，同时也是食人间烟火的凡人，也会在工作和生活中遇到各种各样的烦恼；特别是中小学老师，每天要面对几十、上百个未成年人，工作任务复杂而艰巨，一些消极事件不可避免地影响教师的情绪，这就更需要教师努力保持平静愉快的心境。心境是一种微弱、平静而持久的情感状态，它的显著特点是具有弥散性。

教师有良好的心境，首先有利于自身的身心健康，在教育过程中有助于振奋精神、思维活跃、表达准确。其次，由于心境具有弥散性的特点，所以，教师的心境很容易感染学生。教师具有良好的情绪特征，就能为学生的学习活动创造一个良好的课堂氛围：当学生情绪愉快时就会思考积极，记忆迅速，有利于智力活动的进行；而学生情绪不佳时，如焦虑、惧怕、反感等，就会思维迟钝，记忆困难，不利于智力活动。还有，教师能够很好地控制自己的情绪也是建立良好师生关系的前提。事实证明，不管师生发生什么矛盾，教师如能心平气和、理智地处理，往往使问题迎刃而解；如果教师不善于克制自己，在学生面前随便发脾气，只能表现出教师的无能。学生敬佩的是那些在意外事件发生时，善于克制自己，冷静地处理问题的教师。所以，马卡连柯说过："不能控制自己情绪的人，不能成为好老师。"

2. 乐观开朗的性格

日本大学教授关中先生认为："教师的性格特征应具有明朗快活、朝气蓬勃的精神，即使遇到挫折和不顺心的事，也能正确对待，而不是随意表现出受伤害和悲哀的神情。"教师的劳动是在人与人相互作用的过程中进行的，每个教育环节都离不开人际关系的处理。因而，教师应该具备健康的性格特征，这种性格的健康性集中反映在热情开朗上。教师热情开朗的性格是一种重要的教育因素，它在教育、教学活动中表现为热爱人生、热爱事业、对学生仁慈亲切、胸怀坦达、从善如流、热情大方、乐观向上、诚实理智等精神状态。这种性格有利于产生巨大的人格吸引力，建立良好的人际关系。相反，具有尖酸刻薄、蛮横傲慢、欺软怕硬、孤僻悲观、消极冷漠、刚愎自用等不良性格特征就不宜做教师。

3. 坚韧不拔的意志

教师的劳动对象是有思想、有感情、有个性的学生。每个学生因家庭教育不同，受社会影响不同，生理、心理、个性品质、智能发展也各不相同，并时刻都在发生着变化。因此，教师对学生既要下正面塑造的功夫，又要不断克服来自各方面的消极影响；既要考虑学生的共性，又要考虑学生的个性；既要注意面向全体学生，又要注意因材施教。人才的培养周期长，教育的功效不是一时就能显示出来的，对学生的教育是不能一劳永逸的，教育的功效是日积月累的结果，既是循序渐进的过程，又是反复曲折的过程。教师工作的复杂性和艰巨性，要求教师必须具有良好的意志品质和抗挫折能力，才能很好地完成肩负的重任。魏书生，一名最初只有初中毕业的教师，锐意进取，大胆改革，百折不挠，凭着坚韧不拔的毅力终成一代教育改革家；孙维刚身患膀胱癌，大量尿血，仍坚持带领学生参赛，勇夺国际数学奥林匹克竞赛金牌……无数不争的事实证明：教师能否取得教育教学上的成功，在很大程度上取决于是否有坚强的意志。如果不具备良好的意志品质，遇到困难便退缩不前，做事虎头蛇尾，优柔寡断，见异思迁，则只配做一名碌碌无为的教书匠，终将一事无成。

4. 真诚豁达的胸襟

对人真诚、坦率、不虚伪，这是教师的重要品质。人是有思想的动物，要打开感情的大门并不是轻而易举的。对人，特别是对学生，只有以诚相待，开诚布公，才能使人心悦诚服。也只有这样，学生才能向教师倾吐真言，教师才能掌握学生心理活动，才能有效地帮助学生。但是真诚坦率不等于教师可以不顾教育后果而信口开河，如果教师在大庭广众之下，直率地说出某人的缺陷，那将会令人反感。所以，优秀教师总是在一定场合，表达有益于学生的情感，表述学生可以接受的意见，既严格又适度，体现了教师真诚的心愿。

正在成长中的青少年思想活跃，常常强烈地表现自己，但往往出现片面性，看问题偏激，有时教师好心帮助他们，却遭到拒绝或冷眼。这就要求教师必须胸怀宽阔，心地坦荡，能够容纳与自己不同的意见和看法，能够团结反对过自己的学生。教师具有这种品质，首先，必须宽以待人，严于律己。其次，要能设身处地，为学生着想，体察学生思想感情，理解学生所作所为。最后，要对人宽厚，与人为善。要帮助学生，而不是整学生。只有这样，教师不管在什么情况下，都会获得学生的爱戴。

5. 广泛的兴趣和爱好

广泛的兴趣爱好不仅可以丰富教师的人生，修身养性，使得生活多彩多姿。更为重要的是可以影响学生，树立威信，提升自己的业务水平。比如，有的教师简笔画非常漂亮，寥寥几笔就能勾勒出鲜明的动画形象；有的教师电脑操作非常娴熟，制作的课件美观精致；有的教师爱好写作，常有作品见诸报端；有的教师爱好书法，挥毫泼墨间尽显才华；有的教师喜欢踢球，运动场上常见他和学生们娱乐的飒爽英姿……教师的兴趣爱好可以是教学理论的拓展，也可以是本学科延伸，如语文教师可多一些阅读写作，数学教师可数学建模，英语教师可设计一些情景剧，文科教师可组织主题辩论，理科教师可改编一些实验；发展旅游爱好，做一些收藏，制一些微型盆景，画几幅画，演奏几首曲子；等等。兴趣爱好不仅是教师向学校、社会展示自己的平台，也是向学生传递信息的窗口。在和学生交往时，这些兴趣爱好就可以成为有效的交流工具，成为开阔学生知识视野、丰富教学内容的宝贵资源。

6. 崇高的理想与坚定的信念

教育是成就理想的事业，教育者本身就是理想主义者。教师的任何一种教育行为的背后都有其人生理想和信念的影子，它们始终影响着教师的行为，关系到教育工作的成败与教学质量的高低。教师在教育过程中体现出的使命感与责任感、对未来社会的正确理解和判断、对美好人性的向往、对教育事业的热爱、对人生价值实现的追求、对教育本真含义的思索、伴随着狂热情感和执着追求的教育信仰，无时无刻不在激励教师追求事业的成功，不断走向职业的高端和深处；同时，教师的理想和信念对学生产生或隐或显的影响，影响到他们的世界观、人生观。因此，一个有崇高理想、信念坚定的教师才能真正深入到学生的灵魂深处，引领学生成就人生、创造未来。

教育不仅教给学生知识，更重要的是培养学生一种积极的生活状态，使其以积极的生存心境、积极的人生态度对待生活。正如卢梭在《爱弥儿》中曾经告诫教育者的那样：“不要在教天真无邪的孩子分辨善恶的时候，自己就充当了引诱的魔鬼。”

（二）形之于外——教师良好的风度仪表

黑格尔说过：“教师是孩子们心中最完美的偶像。”教师不仅言传而且身教，所以教师的风度仪表同样能够潜移默化地影响学生。风度指人的言谈、举止、态度；风度仪表指一个人德、才、体、貌各种素质在社会交往中的综合表现所形成的独特风貌，它是一个人性格、气质、文化素养、审美观念等内在品质的外现。毋庸讳言，至今在极少数学校和极个别教师中仍存在着风度仪表不佳的现象，如对待家长态度冷冰冰，不请坐，不搭话，更不送客；与学生相遇，视若路人，爱理不理，漫不经心；对同事说话粗俗，对学生说话刻薄，对待不同见解或不同意见的人说话尖刻；经常拖鞋披衣，以不修边幅为潇洒，以不拘小节为清高；等等。可以说，教师的风度仪表，无论宏观与微观，群体与个体，全面与侧面，都会产生其他职业成员不可比拟的广泛而深刻的社会作用，所以理应对其有特殊要求。马卡连柯说过：“从口袋里掏出揉皱了的脏手帕的教师，已经失去了当教师的资格了。”他还指出：“高等师范学校应当用其他方法来培养我们的教师。如怎样站、怎样坐、怎样从桌子旁边的椅子站起来，怎样提高声调，怎样笑和怎样看等等‘细枝末节’，这一切，对教师来说都是很有必要的，如果没有这些技巧，那就不能成为一个教师。”良好的师表风范具体体现在以下几方面。

1. 语言准确规范、亲切生动

教师是吃开口饭的，教师的语言技巧也是其魅力所在。教师的语言应该是经过教育加工的语言，有其专业要求：

语言要规范。教师要使用普通话，无语病。在专业授课时尽量使用专业术语，避免使用方言和不规范的表达。

语言要精练。简洁明了，言简意赅。避免啰里啰唆，颠三倒四。

语言要准确。教师使用语言时发音准确，吐字清晰，句读分明。教师要准确地表达概念、规则、原理等内容，清晰地传达思想感情、愿望等教育要求。

避免含混不清，模棱两可，似是而非，互相矛盾。

一位老师上语文课，在黑板上写了一个“朝”字，然后问学生：“同学们看黑板上有什么?”学生答：“有字。”老师问：“这是什么字?”有学生举手答：“这是朝鲜的朝字。”老师说：“不对!”又有学生站起来答：“这是朝气蓬勃的朝。”老师又说不对。这时候学生开始挖空心思地回答，有学生说是中国字，有学生说是汉字。老师都说不对。最后，老师恼火地指责：“都是傻瓜，这是多音字!”

案例中老师的提问语言表述不明确，使学生难以理解教师提问的用意，对学生产生误导，浪费教学时间。

语言要生动。教师的语言要做到优美生动，富有感染力，使语言有美感。音色要优美圆润，语调抑扬顿挫，节奏鲜明。根据学生特点、教学内容特点、教学情境特点等合理处理语速，当快则快，当慢则慢。语气富于表现力，善于运用设问。还要注意符合口头语言的表达要求，尽量把抽象的概念具体化，深奥的道理形象化，深入浅出，鲜明生动，有助于学生尽快理解课程内容。适当的时候还要含蓄幽默，起到意味深长、调节气氛的作用。避免语言呆板单调，平铺直叙，一味高音或一味低音，枯燥乏味，晦涩难懂。

语言要纯洁。《论语》中有“非礼勿言”，教师的育人职责要求教师的语言文明纯洁，切忌一切低级、庸俗、下流的污言秽语，保持语言的纯洁性。因此，教师在任何时候、任何情况下，说话都要讲究文明礼貌，都要自爱自重，尊重别人，保持自己良好的风范形象。

2. 举止文明，教态从容

举止是日常生活中的动作习惯，人的行、站、坐、卧都能表现出内在的精神气质。苏联教育家加里宁曾经语重心长地对教师说：“教师的世界观，他的品行，他的生活，他对每一现象的态度，都这样那样地影响着全体学生。所以，一位教师必须时刻检点自己，他应该感到他的一举一动都处在最严格的监督之下，世界上任何人也没有受到这样严格的监督。”学生是教师的影子，教师的一举一动、坐立行走都可能会成为学生的楷模，被学生模仿，对学生的行为产生重要影响。《论语·述而》中有“子温而厉，威而不猛，恭而安”，表达了孔子弟子对老师的直观感受：温和中透着严厉，有威严却不显得粗鲁，恭敬而安详的样子，一代宗师温文儒雅、庄重高大、不卑不亢的形象展现于眼前。总之，教师的举止应是稳重端庄而不矫饰，热情大方而不做作，活泼开朗而不轻浮，善良和蔼而不怯懦，谦逊文雅而不庸俗。

教师举止文明，也为有良好教态奠定基础。教态就是教学姿态，是教师在教学中的表情手势和身姿。教态实际上就是一种体态语言。

眼神。教师的表情要自然丰富，在上课时，面部表情庄重亲和，目光温和慈祥，投向全体学生，并随时根据教学内容的需要适当变换眼神和面部表情，和学生有进行目光交流，这样一方面可以随时观察学生对教学内容的表情反馈，另一方面可以发挥维护课堂秩序的作用。教师眼神要给人一种深邃、敏锐和聪慧之感。

手势。手势是教师最明显最丰富也是使用最频繁的教具之一，使用恰当可以达到很好的辅助语言教学的效果。教师的手势要自然，简单适度，准确有力，正确表达思想感情。既不要过分单调，也不能过分夸张繁杂。

身姿。包括站姿、坐姿和走姿。教师应站态稳定，坐态庄重，行态自然。

教师课堂站态七忌

一忌手插裤袋。手势是重复的无声体态语言，手插裤袋不能以手势辅助语言的生动表达，有碍信息的全面传送。

二忌双足交叉。双足交叉有损教师的自我形象。体态不优美端庄，会给学生心理上造成不稳定感，影响信息传输的效果。

三忌身体过分前倾。身体过分前倾影响肺对发声的共鸣，造成心理压力，影响学生听课的情绪。

四忌肘倚讲台。双肘倚讲台是精神疲乏的体态，会抑制学生大脑皮层的活动。

五忌足尖着地。足尖点地抖动是不严肃的体态，会分散学生的注意。

六忌频繁走动。频繁走动是信心不足的体态，会触发学生的不信任感，影响有效信息的接收。

七忌身体摇晃。身体不恰当地摇晃是轻浮的体态，既不严肃，又不庄重，会引起学生的反感。

3. 仪表端庄，格调高雅

教师为人师表，其着装能够体现教师职业的特点和健康的审美情趣。马卡连柯说："教师必须衣服整洁，头发和胡须都要弄得像样，鞋袜洁净，双手清洁，修好指甲和经常备有手帕。"具体说，教师的服饰要求有以下六点。

第一，服饰要整齐清洁、讲究卫生、搭配合理。不要衣冠不整、蓬头垢面、胡乱搭配。这是服饰外表美的起码要求。

第二，服饰选择要根据自己的身体条件。选择恰当的颜色款式、肥瘦长短，更好地体现自己的形体美与审美情趣，并弥补体形上的某些不足。

第三，服饰选择要根据自己的年龄特征。青年有青年的服饰，老年有老年的服装，教师的服饰选择要适合自己的年龄特点。

第四，服饰选择要根据环境特点。首先，一定的社会环境，一定的服饰流向，教师需要不断地接受、选择美的服饰，纳入时代的大潮，而不能一味古板地拘泥于自己的天地之中，与外世隔绝。其次，一定的学校环境也对教师服饰发生影响。学校的环境是整洁严肃、活泼向上的，为此，教师的服饰在整洁得体的基本要求下，也要随着具体的环境的变化而变化。课堂教学时的服饰整齐与劳动、游乐时的简便、轻盈，以及不同的授课时的服饰选择要适合一定的环境的特点。

第五，服饰选择要根据教学对象。教师的服饰选择需要考虑到学习者的年龄、性格、知识、能力、审美等因素，不宜忽视这些特点。

第六，教师的服饰仪容要美观大方、素朴典雅，避免奇特古怪、艳丽花哨。

三、为人师表要处理好与学生家长的关系

教师要想取得事业成功，离不开成功的人际关系。在学校领域，教师要努力建立良好的师生关系、同事关系；在校外，教师还要处理好和学生家长的关系。这样做，一方面是教师专业发展的需要；另一方面也是形成教育的一致性和网络性，达到教育目标的需要。和家长关系如何，也是教师体现职业道德、宣传职业形象的重要方面。

苏霍姆林斯基说过："生活向学校提出的任务是如此地复杂，以致如果没有整个社会首先是家庭的高度的教育学素养，那么不管教师付出多大的努力，都收不到完满的效果。"

家庭是孩子的第一所学校，父母是孩子的第一任教师，父母的行为直接影响到孩子的思想和品行，学生的思想品德、行为态度、学习质量和健康状况等在很大程度上与家庭环境和家长的教养方式有着密切的联系。家庭教育对孩子的成长起到举足轻重的作用，而对学生教育起主导作用的学校教育又必须取得家长的支持与配合。联系学校教育和家庭教育之间的纽带就是教师。教师和家长之间的沟通一方面会直接影响到师生关系，另一方面也会通过家庭教育这一渠道影响到学生的成长。因此，教师与家长的沟通十分重要。

与家长联系，这是每一个教师都经常要做的工作。但是，目前有一个非常特别的现象，就是教师动不动就“叫家长”。学生违反课堂纪律叫家长、学生没有完成作业叫家长、学生之间闹矛盾叫家长……一些老师认为现在的学生打不得、骂不得，学生出了问题就交给家长处理。于是，叫家长成为惩罚、威胁犯错误学生的一种手段。所以，现在许多家长都条件反射地怕接老师的电话。殊不知，这种告状式的叫家长是班主任对自己管理能力的一种否定，是对自己责任的一种放弃，告状式家访虽然可以收到一时之效，但很难长久地解决问题，往往是越告收效越小，学生的逆反心理也越强，最后的结局常常是教师管不了，家长也无能为力。另一方面，教师的告状式叫家长打破了学生家庭生活的平静，一些不理智的家长，不理解孩子的心理，只听信老师的一面之词，轻则对孩子斥责，重则一顿打骂。有时学生在学校待不下去，家里又找不到平静，在这样一种情况下，学生很容易到社会上去。对于这些还不成熟的学生来讲，在复杂的社会环境中，心情不好的学生很容易迷失自我。

所以，教师与家长打交道，也要讲究艺术。正确的做法如下所示。

（一）经常主动与家长联系，沟通情况，谋求教育立场的一致

除了传统的开家长会、家访等联系家长的方式，目前，教师可以通过很多方式和家长联系，比如教师可以在休息的时候打几个电话、互发电子邮件、聊QQ等，随时可以和家长闲聊一会儿，了解一下学生在家的表现、学生的思想动态，以及家长对老师有些什么要求和建议等。

（二）尊重学生家长的人格，认真听取家长的意见和建议

一个人要想得到别人的尊重，首先要学会尊重别人。教师对待家长也是如

此。尽管在教师与家长的关系中，教师起主导作用，但二者之间在人格上是平等的，没有主次尊卑之分。教师要尊重家长的人格，特别是尊重所谓“差生”和“不听话”孩子的家长的人格。家长都是有自尊心的，对自己的孩子也是偏爱的，所以，教师指出学生的过错与缺点必须注意讲究场合和方式，更不能训斥、指责家长，说侮辱家长人格的话。否则只会在学校老师和家长之间造成隔阂，失去家长对学校工作的支持和配合，降低教育效能。

一个老师，无论有着多么深厚的教育理论和丰富的教育经验，都不可能把教育工作做得十全十美。毕竟他要面对的是几十个学生，况且，有些学生在家和在学校的表现并不一致。因此，教师要善于听取家长对孩子教育的意见和建议。特别是当个别家长因为误解、偏见而对教师加以指责、埋怨时，教师更应以自己的专业特长和良好的师德修养来做家长的工作。

（三）教师有责任对家长的家庭教育进行指导

现在的学生大多数是独生子女，在“421”的家庭结构里，他们受到父母和长辈的百般呵护，难免养成自我、骄横的性格，给学校教育增加了难度，而这种难度如果处理不好，又会招致家长的怨言。同时，尽管家长们都非常重视孩子的教育工作，但由于文化程度、教育素养等存在很大差异，未必所有的家长都掌握科学的教育理论和方法，都会正确地教育引导孩子。面对这样的客观现实，教师要想取得家长对学校教育工作的配合，就有责任做好家长的家庭教育指导工作。相对一些家长来讲，教师是经过训练的专门从事教育工作的人，他们懂得国家的教育方针政策，掌握教育理论和方法，积累了大量宝贵的教育经验，他们在家长眼里是“教育行家”。所以，教师指导家长教育工作要有耐心和信心，及时提供给家长孩子在学校的各种信息，和家长协商科学的教育方法，指导家长制订切实可行的教育计划和措施，向家长推荐优秀的家庭教育读物，还可以利用家长会等场合，请一些做得好的家长介绍经验，互相交流教育孩子的心得体会等。

家长和教师的出发点都是为了学生，所以只要我们热爱学生，一切为学生着想，只要我们以诚相待，对家长多一分尊重和理解，我们就一定能与家长建立起和谐友好的关系。而这最终将形成家长对教师理解、放心，学生对学习上进、用心，教师对教学尽责、安心的良好局面。到那时，教师的教育教学效果怎么会不好？教学质量怎么会不提高呢？

可见，为人师表要求教师要坚守高尚情操，知荣明耻，严于律己，以身作则，在各个方面率先垂范，做学生的榜样，以自己的人格魅力和学识魅力教育影响学生。要关心集体，团结协作，尊重同事，尊重家长。作风正派，廉洁奉公。自觉抵制有偿家教，不利用职务之便谋取私利。明确要求教师时时处处牢记肩负着教书育人的使命，我们的“德行”潜移默化地影响着学生，作为先进文化的传播者、教育行业的一员，也应该以高尚的人格魅力赢得社会的尊重。我们怎样培养人，培养什么样的人，教师的表率作用就体现在生活的点点滴滴的小事之中。以身作则，为学生做出表率，把培养学生正直的品德放在首位。一所学校，不论人数的多少，皆是一个集体，身处其中，每个人都应有自己扮演的角色。集体任务，集体荣誉，集体的和谐安全，无不牵一发而动全身，每个人都无法置身事外。共同的事业，要求我们齐心协力，为提高学校的教学质量与安全保障倾自己的才智。教育不是孤立的，需要社会的关注，更需要家长的配合，但学生的认知能力毕竟不成熟，犯错在所难免，因此，教师要记住，推卸责任、指责训斥家长都是与教师道德规范相悖的表现。

综上所述，师者为师亦为范，学高为师，德高为范。走上三尺讲台，教书育人；走下三尺讲台，为人师表。教师不仅是社会主义精神文明的建设者和传播者，更是莘莘学子的道德基因的转接者。因此，师德，不是简单的说教，而是一种精神体现，一种深厚的知识内涵和文化品位的体现！师德需要培养，需要教育，更需要的是——每位教师的自我修养！让我们以良好的师德，共同撑起教育的蓝天；良好的师德，是一种强有力的教育因素，是教书育人的一种动力。它是教师从事教育劳动时必须遵循的各种道德规范的总和。所以，每个教师都要努力把自己培养成为具有良好师德的人，才能完成“传道、授业、解惑”这一光荣而伟大的任务，托起明天的太阳！

请思考

1. 为人师表意义何在？
2. 您认为理想的教师人格体现在哪些方面？

3. 您认为教师良好的风度仪表体现在哪些方面？

4. 教师的语言美有哪些具体要求？

5. 教师的服饰美有哪些具体要求？

6. 教师应如何处理好与学生家长的关系？

7. 在校老师从事有偿家教或兼职现象已经成为普遍现象。表现方式众多。主要有以家庭形式收带学生，进行有偿补课、辅导；私自在外租赁房子，进行有偿家教；与人合伙，在外租场地办班的；在社会力量培训机构中兼课等。在极少数教师身上还存在着一种情况，就是上课该讲的内容可能不讲，要放到课后有偿家教的时候去讲，甚至于有一些极个别老师利用职务方便组织学生去进行有偿家教，以此来谋取一些利益。您作为教师，怎样看待“有偿家教”这一现象？

第七章

终身学习——教师职业道德提升的不竭动力

人们逐渐认识到，教学同其他职业一样，是一种“学习”的职业，从业者在职业生涯中自始至终都要有机会定期更新和补充他们的知识、技巧和能力。

——联合国教科文组织：《世界教育报告（1998）》

雨果曾说过：“花的事业是尊贵的，果实的事业是甜美的，让我们做叶的事业吧，因为叶的事业是平凡而谦逊的。”教师就像那默默奉献的绿叶，时时刻刻衬托着鲜花的娇艳。“十年树木，百年树人”，一旦选择了教师职业，就意味着踏上了艰巨而漫长的育人之旅。那么，怎样才能成为一个幸福的、有成就的、受人尊敬的教师呢？加强师德修养，无疑是非常重要的途径之一。

“修养”是一个含义广泛的概念。修，指在学问和品行方面的学习和锻炼；养，有养成、培养、涵养的意思。所谓道德修养即是指人们在道德方面进行的“自觉的自我改造、自我陶冶、自我锻炼和自我培养的功夫”。[①] 教师职业道德修养是教师通过在道德心理和道德行为方面的自我锻炼及自我改造而形成的职业道德境界。当然，教师职业道德水平的提升是一项内外兼修的工作，一方面要通过制度化的职业道德教育，另一方面源于教师的自我修养。终身学习是时代发展的要求，也是教师职业特点所决定的。教师必须树立终身学习理

① 罗国杰. 伦理学［M］. 人民出版社，1989：456.

念，拓宽知识视野，更新知识结构。潜心钻研业务，勇于探索创新，不断提高专业素养和教育教学水平。

一、怎样减少教师背离师德的行为

在当前情况下，仅凭教师个人修养来达到提升师德水平的目标有一定难度。在上文中提及的2008年10月下旬《中国青年报》社会调查中心和腾讯网教育频道就师德问题进行的网络调查中，逾七成的公众都将师德出现问题的原因归结为外部因素：分别有28.7%和25.6%的人认为造成师德出现问题的原因是“不良的社会环境影响”和“教师考核管理体制存在缺陷”，有18.6%的人认为原因是“教师待遇较低”的缘故。只有不到三成（26.5%）的人认为与“教师个人素质和修养有关”。现实迫使我们不得不思索：在目前师德失范频频、外界环境诱惑和负面影响严重的情况下，教师个体自律的有限性难以完全解决师德问题，那么，减少教师背离师德的行为，外部环境应提供哪些有效帮助？

（一）全社会真正形成尊师重教的良好氛围

我国自古以来就有良好的尊师重教的传统，随着知识经济、信息化时代的到来，我们更要将尊师重教落到实处。在现阶段亟待从法制建设上予以保证，切实提高教师的经济待遇和社会地位，使广大教师真正体会到从事教师职业的光荣感和自豪感；保障教师的合法权益和专业权利不受侵害；切实增加教育投入，改善农村中小学办学条件；强化教师的专业化与职业化建设，提高教师的专业水平；规范媒体对教师职业形象的宣传，尽可能做到尊重事实、公正合理。

近年来，媒体对教师体罚、侮辱学生事件的报道层出不穷：50记耳光打聋小学生；用小刀将全班41名学生的手心刮伤；一掌将10岁女生打成精神病；责令学生吃木头；将学生头皮揪掉；骂学生不如坐台小姐……有人曾做过调查，发现当前在互联网上约有33300项符合教师的查询结果，其中只有不到1000项是关于教师高尚等正面形象的报道。这些对教师正面形象的报道，往往较为单一、刻板，而在其他负面信息中，教师往往被描述成训诫者、敛财者、体罚者、变态狂、禽兽、流氓等。

这些片面化的报道在当前的大众传媒中很多，有将教师形象妖魔化的趋势。由于教育与每一个个人和家庭都息息相关，这样的报道一开始就激发了人们极大的关注，误导了人们对教师职业形象全面、客观、公正的认识，恶化了教师成长的社会环境。所以，媒体在履行社会良知的职责的同时，应保持必要的理性和严肃，任何娱乐化、情绪化的报道，一方面会导致事实本身失真，另一方面也是不尊重教师的体现，会对那些兢兢业业教书育人的教师造成极大伤害，恶化师生关系，某种程度上也削弱了教师的道德自律。

“国将兴，必贵师而重傅；国将衰，必轻师而贱傅。”（《荀子·大略》）师德建设离不开良好的外部环境，只有全社会共同努力，提升教师的职业道德形象，才能为实现师德形象的社会重塑和师德建设的专业发展创造条件。

（二）采用多种方式对教师进行职业道德教育

教师职业道德教育应该在教师职前培养时期就受到重视。应使师德教育进课堂，这是使师德教育系统化、专门化并能引起“准教师”高度重视的最直接的途径。为此，师范院校必须开设专门的教师职业道德与教育伦理学课程。教师职业道德课，能使学生了解教师职业道德与其他行业相比的特殊性与重要性，了解教师职业道德的内容与规范，了解教师职业道德的践行要求与训练方法；教育伦理学课，能帮助学生认识教师道德的特点和规律，为教师的道德建设提供科学的理论指导，使学生形成基本的职业道德信念，明确教师的理想人格。同时，通过校园文化建设和组织社会实践等途径，使学生走出封闭的象牙塔，走进中小学，让生动的事实说话，使师范生更多地了解我国基础教育的发展现状与规律，通过耳闻目睹的事例激发他们对教师职业的兴趣，增强社会责任感与奉献精神。

对在职中小学教师，学校要运用不同的形式、途径，积极、灵活、有效地开展职业道德教育，培养他们的爱岗敬业精神。当前一些学校并非不重视师德建设，但很大程度上存在走过场、形式主义严重。以下是一位教师对师德培训的感言，可以代表当前教师对参加师德培训的心声：

又到了撰写师德培训体会的时候了。如果没有记错的话，这应该是第六次写师德培训体会了。对师德培训的内容，我是毫无体会可言的了，但是对师德培训本身，我倒是有些话要说，而且已经到了“如鲠在喉，不说不快”的地步了。

经过六个暑假的师德培训，我心中的一个疑团越来越大：师德是能够培训出来的吗？我实在不敢苟同“师德培训”这个词，师德怎么能培训呢？参加一次培训，至多能提高一点点道德认识，能不能激发教师的道德情感，我不敢说，至于强化教师的道德意志，并内化为教师的道德行为，我想都不敢去想。当然，我不反对教育部门努力提高教师的师德，其出发点当然是好的，要使整个教师队伍的师德水平上一个台阶，尽可能避免出现有违师德的事情出现。可是好心有时也会办坏事，当前所谓的“师德培训”真不是我们教师所想要的。

我们不妨去看看“师德培训”的现场，上面领导做报告，下面教师聊天者有之，看报者有之，打电话者有之，进进出出者有之，有的教师甚至带着孩子来参加培训，真正认真听的没几个。是教师的素质低吗？非也。师德培训形式单一、枯燥乏味，没有什么收获，教师们来参加培训是学校的要求，是看在学分的面子上的，是来报个到的，根本就不奢望能有什么收获。他们不愿意参加此类毫无收获的培训。

少一些形式主义，多一些对教师实实在在的尊重和关怀。当教师享受到教育的成功和幸福时，我相信，高尚的师德就会形成了。

由此可以看出，完全灌输式、说教式、集体划一式的师德培训意义甚微。主管部门或学校应通过宣传、引导、示范等多形式开展教育和激励，如对处于不同职业生涯发展阶段的教师采取不同的师德建设措施，邀请一些师德典范做专题报告、组织开展“师德问题”讨论会，在教师队伍中大力开展向身边优秀教师学习的活动，充分发挥典型人物的激励、示范、引领作用等。

（三）制定规章制度规范教师行为

尽管在师德建设中主要强调教师的个人修养和道德自律，但没有规矩，不成方圆，有关部门应根据《中小学教师职业道德规范》等法规，制定教师管理的规章制度，用规范约束教师的职业道德行为，把师德教育和教师队伍管理有机结合起来，加强教师生活、纪律和作风方面的管理，规范教师的行为和形象。我国许多地区和学校，归纳出一些师德规章，如《中小学教师职业道德“十不准”》《教师行为规范准则》，教师“应做事、忌做事”和“应用语、忌用语”等规定都是行之有效的。

（四）建立合理的师德评价体系

建立和完善中小学教师职业道德考核、监督、奖惩的机制。建立科学的评价指标体系，制订的评价方案、评价指标力求客观、公正；评价的方式采取定性评价和定量评价相结合；评价方法可采取座谈、问卷调查、个别访问、听取汇报、查看现场等方式；评价主体多元化，学校、家长、学生评价和教师自我评价相结合。同时，将师德评价结果作为教师评职、晋级、评优的依据。对于师德评价不合格的教师，要采取恰当的惩罚措施。

二、教师应如何自我修养师德

我国古代教育家把“修身”看作“齐家”“治国”“平天下”的根本。孔子也说过：“德之不修，学之不讲，闻义不能徙，不善不能改，是吾忧也。”（《论语·述而》）被毛泽东称为“道德高尚的人”的民主主义教育家杨昌济说：“盖君子之于修身，乃毕身之事，一息尚存，此志不容稍懈。”[①] 人民教育家陶行知不仅自己身体力行，重视道德修养，还要求他领导的育才学校的师生，每天问一下自己：“我的道德有没有进步？”他要求大家重视“公德”和“私德”的修养，“建筑人格长城”。教师肩负着传承人类文明、培养一代新人的重任，其道德修养在职业生活中显得尤为重要。

自古以来，教师职业道德修养的方法很多。历史上的伦理学家提出过许多具体的条目，如儒家学派代表人物曾子说：“吾日三省吾身：为人谋而不忠乎？与朋友交而不信乎？传不习乎？”（《论语·学而》）《礼记·大学》中有：“古之欲明明德于天下者，先治其国；欲治其国者，先齐其家；欲齐其家者，先修其身；欲修其身者，先正其心；欲正其心者，先诚其意；欲诚其意者，先致其知，致知在格物。”孟轲也说：“天将降大任于斯人也，必先苦其心志，劳其筋骨，饿其体肤，空乏其身，行拂乱其所为，所以动心忍性，增益其所不能。”（《孟子·告子下》）此外，还有“为学”“改过自新”“躬行践履”“慎

① 李沛诚. 杨昌济教育思想简论［M］. 湖南教育出版社，1983：146.

独”，等等，皆可为教师借鉴。

（一）树立终身学习的理念

21 世纪世界教育呈现三大趋势：一是终身教育，对学习者来说则是终身学习；二是以学习者为中心；三是教育的国际化。新世纪，用终身教育的理念和思想原则构建学习型社会，已获得世人的广泛共识。联合国教科文组织 21 世纪教育委员会主席雅克·德洛尔在 20 世纪末就指出：“终身教育是人类打开 21 世纪文明大门的钥匙。”

20 世纪 60 年代，终身教育理念由法国学者、时任联合国教科文组织成人教育局局长的著名教育家保罗·郎格朗首先提出之后迅速被接受。1972 年联合国教科文组织的报告——《学会生存：教育世界的今天和明天》发布，将终身学习、学习化社会理念广为传播。数十年来，在联合国教科文组织及其他有关国际机构的大力提倡、推广和普及下，终身教育、终身学习作为一个极其重要的教育概念已为世界各国普遍接受，成为指导教育改革的重要战略思想，日渐成为主流的、先进的教育理念。1989 年联合国教科文组织在北京召开面向 21 世纪教育国际研讨会的报告——《学会关心：21 世纪的教育》指出，为适应 21 世纪的要求，教育体制不同于目前的形势，最重要的是社会更多地参与学校和学校更多地参与社会，学习将成为一个终身的过程。2009 年 12 月，在巴西贝伦举行的第六届国际成人教育大会上正式通过了“贝伦行动纲领框架”，肯定了终身学习在应对全球教育问题和挑战中发挥的重要作用。2010 年 5 月 19 日，国际终身学习论坛在上海开幕，主题是“让学习伴随终生——终身学习的进展、发展趋势和制度建设”。

在我国，两千多年前孔子就提出的“学而不已，阖棺乃止”（《春秋》），闪烁着终身学习的光芒。顺应时代潮流和发展需要，我国非常重视学习型社会建设。党的十六大、十七大提出要建设全民学习、终身学习的学习型社会，在《国家中长期教育改革与发展规划纲要（2010—2020 年）》中对终身学习和学习型社会建设有许多改革举措。

终身学习是指社会每个成员为适应社会发展和实现个体发展的需要，贯穿于人的一生，是持续的学习过程。作为重要的师德规范，终身学习要求教师必须不断强化自身学习，树立终身学习观念。终身学习应该成为现代教师的职业素养和习惯。

陶行知先生曾经尖锐地指出：“有些人一做了教师，便专门教人而忘记自己也是一个永久不会毕业的学生。因此很容易停止长进，甚而至于未老先衰。只有好学，才是终身进步之保险，也就是常青不老之保证。”他说：“有些人做了几年教师便有倦意，原因固然很多，但主要的还是因为不好学，天天开留声机，唱旧片子，所以难免觉得疲倦起来。”他还说：“要想做教师的人把岗位站得太久，必须使他们有机会，一面教，一面学，教到老，学到老。当然，一位进步的教师，一定是越教越要学，越学越快乐。”

再有，不同时代孕育不同的教育对象。今天学生与以往任何时代相比，具有许多明显不同的特征。首先，主体意识增强。现代学生在思想观念、生活方式等方面表现出强烈的要求独立、强调自我的特点。他们追求自我价值实现，不盲从书本与权威，不局限于已知存在，敢于独立思考与判断。其次，视野开阔，信息来源广泛。他们易于接受新鲜事物，而这个网络时代也在不断地以丰富多彩的形式多渠道地满足着他们强烈的求知欲。再有，社会参与意识提高。在开放的社会背景下，学校不再是封闭的“象牙塔”，学生更不会做“一心只读圣贤书”的“书虫”，他们渴望了解社会，参与社会生活，而社会的多元化也时刻对他们产生着深刻的影响。最后，蕴含在每个教育对象身上的个性更具复杂性。每个学生在知识、能力、思想、经验、生存环境等方面都存在着巨大的差异，尤其是一些特殊家庭的孩子，这些时代特征使原本就已多样的个性差异更具复杂性。以前我们常说要想给学生一碗水，教师自己要有一桶，现在这种说法已站不住脚。为了满足学生的需要，教师必须具有源源不断的源头活水，左右逢源，方可担当人师重任，“问渠那得清如许，为有源头活水来”(朱熹：《观书有感》)。所以，教师必须将终身学习看成是自身成长和发展的必由之路，是一种社会责任，是教师专业水平持续增长的源头活水。教师只有通过学习，才能提高思想境界和道德水平；只有通过学习，才能不断丰富自己的专业知识；只有通过学习，才能掌握现代教育技术和教学技能。教师的学习就像植物对水分的吸收一样，一天也不能缺少，否则，教师的职业生命将会逐渐枯萎，教师只有做到学而不厌，才能诲人不倦。

树立了终身学习的理念，教师还要学会学习。教师学习的内容非常广泛，包括学习广泛的文化科学基础知识、学科专业知识、教育科学知识，学习育人方法、学习教学技能等。学习的途径也非常广泛，可以从书本中学、从网络中学、从他人身上学、从教学实践中学，等等。在学习的同时，需要教师学习方式必须发生转变。第一，由被动、机械地学习向主动、探究地学习转变，善于从日常生活中发现自己感兴趣的问题。第二，由依赖教材、教参向关注社会实践、经验和其他信息资源转变。第三，由盲从权威、迷信书本向发展创新精神和创新能力转变。第四，由过分关注单一应试知识向注重认知、兴趣、意志、毅力、信仰、科学精神等情感、态度和价值观转变。

总之，学习是教师为可持续发展获取持久的动力和源泉。所以教师要注意不断地补充更新自己的专业知识，更新观念，拓展知识面，不断提升自己的整体素质，始终跟上社会发展的需要，成为热爱学习、终身学习的楷模。

（二）勤于读书，拓宽知识视野

读书对教师的专业成长包括师德养成非常重要。教师通过读书，可以不受生活的时间和空间的限制，以最小的生活成本获取最宝贵的生活经验。苏霍姆林斯基曾说过："真正的教师必是读书爱好者：这是我校集体生活的一条金科玉律，而且已经成为传统。一种热爱书、尊重书、崇拜书的气氛，乃是学校和教育工作的实质所在。"① 帕夫雷什中学的图书馆藏书多达1.8万册，教师们的私人藏书也有4.9万册，而且每个教师都订有几种杂志和报纸，教师们之间经常组织读书讨论会。苏霍姆林斯基在《给教师的一百条建议》中就曾建议青年教师们要每月买三本书：一是关于你所教的那门学科方面的科学问题的书；二是关于可以作为青年们的学习榜样的那些人物的生活和斗争事迹的书；三是关于人（特别是儿童、少年、男女青年）的心灵的书（即心理学方面的书）。他还说：教师的知识越多，他的学生掌握基础知识就越容易，他在学生和家长中的威信和信誉就越高，孩子们就越把他当作知识之源而被他所吸引。所以，读书是教师一生当中最应该养成的一种重要习惯。一个致力于教育事业的人有了读书的习惯，树立了终身学习的意识，才会不断充实自我、完善自我，才能不断提高自身修养，涵养师德，也才能走得更远。

---

① 苏霍姆林斯基. 帕夫雷什中学［M］. 赵炜等译. 教育科学出版社，1983：28.

（三）善于反思，潜心钻研业务

爱因斯坦说："学习知识要善于思考、思考、再思考。我就是靠这个学习方法成为科学家的。"思考是一种好习惯，它传承精华，去除糟粕，孕育智慧。善于思考必定受益无穷。因为思考可以化解矛盾的症结，使僵化的思维方式疏通，变得清晰，构建新的思维和理念。把握了思考这个工具，在学习与实践中架起一道亮丽的彩虹，方能兼顾理论的验证和扩充，使得实践经验增长。古今中外，凡成大器者都养成了善于思考的习惯。因为思考，才有了诸葛亮审度乱世、力挽狂澜、三分天下的壮举；因为思考，才有了苏轼眼观绵亘、灵思妙笔而成"不识庐山真面目，只缘身在此山中"真知灼见的人生妙谛……思考支撑起了他们的人生，他们也因思考拓宽了自己的人生。

（四）乐于动笔，积极总结升华

苏霍姆林斯基说："我建议每一位教师都来写教育日记，那种连续记了10年、20年，甚至30年的教师日记，是一笔巨大的财富。"他身体力行，坚持记了几十年的日记。[①] 全国十杰教师、江苏省南京市江浦县行之小学校长杨瑞清给自己设计了二十字的个人成长要诀：躬于实践，勤于读书，善于交友，精于思考，乐于动笔。从来到行知小学的第一天起，杨校长就开始写教育日记，把所做、所读、所思、所得都记下来。20年来，他写下了120多本500多万字的教育日记。

（五）虚心求教，勇于探索创新

相对于读书来说，通过虚心向榜样学习或者拜师来进行自我修养也是师德提升和教师发展的一条很有效的途径。一般讲，求教者多为年轻教师，他们年龄小、职称低、教龄短、经验不足、业务素质有待锤炼；而所拜之师多为名师，这些老师有的是教学能手，有的是师德标兵，有的是管理专家，虽然各有所长，但大多是综合性的，因为高超的教学和管理水平往往需要良好的师德修

---

① 苏霍姆林斯基. 给教师的建议（修订版）［M］. 杜殿坤编译. 教育科学出版社，1984：123－125.

养做铺垫。通过结成一对一、手拉手的师徒关系，使年轻教师和身边的榜样朝夕相处，教学相长，在名师的帮助和引领下尽快成长。现在国内很多中小学都有意识地安排这种师徒学习的制度，叫法也多种多样，有的命名为“青蓝工程”，有的叫“影子工程”，有的叫“师徒带教”等；方式也越来越多样化，如有的学校打破“一对一”“一帮一”的格局，形成“一师多徒”“多师一徒”的师徒结构；有的学校让教师既“上拜师傅”又“下带徒弟”，形成多层次的师徒结对；有的甚至打破地域、年级和学科的界限，实现跨地区、跨学校、跨年级、跨学科的结对。

当然，做好这项工作需要两方面的条件。一是名师的选择需要慎重。一般来说，要选择那些思想端正、有良好师德、爱岗敬业、品德言行堪为广大师生表率、有较系统的现代教育思想和教育学及心理学理论基础、有一定的教学经验和教科研能力、对所教学科有系统的基础理论和专业知识同时又关心青年教师成长并愿意承担此项工作的教师为“师”。引领的内容不仅局限于教学技艺的传授和继承，更要帮助青年教师树立敬业、乐业、乐于奉献的精神。二是“师傅领进门，修行靠个人”，年轻教师要珍惜学习的机会，不仅通过听课、评课、教研等方式学习老教师的教学经验，还要学习他们乐业敬业的模范行为，通过虚心问教、细心揣摩，使师徒带教这种方式真正成为自我修养的助推器。当然，学习师傅的经验不等于照搬照抄，“教学有法，教无定法”，年轻教师还要勇于探索创新，才会不断超越。

三、师德的境界

晚清学者王国维在《人间词话》中曾借宋词的优美意境，形象而深刻地描述凡是成就大事业和大学问的人，必然要经历三重境界：第一重境界，“昨夜西风凋碧树，独上高楼，望尽天涯路”。人在努力和追求的过程中，难免会有些寂寞和孤独，但毕竟可以在寂寞和孤独中登高望远、瞰望路径、不懈追求。第二重境界，“衣带渐宽终不悔，为伊消得人憔悴”。努力了，追求了，遇到挫折，虽感疲惫，但甘心忍受痛苦煎熬，无所怨悔，坚持前行。第三重境界，“众里寻他千百度：蓦然回首，那人却在灯火阑珊处”。百般努力，千番追求，在克服寂寞和孤独、顶住疲惫和挫折之后，理想目标在不经意的一瞥之中实现了。如此地不期而至，如此地“得来全不费工夫”，是厚积薄发的结果，是不懈努力的回报，是辛勤付出的收获，是大道至简的诠释。

实际上，将王国维先生的三重境界说，用以比喻教师的人生修养，用以描摹师德的境界，也是再恰当不过的。教师职业也有三重境界：生存境界、职责境界和幸福境界。处于第一层境界的教师，他把工作当作一种谋生手段，他之所以勤勤恳恳、任劳任怨，每天认真备课上课、批改作业、管理班级，是因为他害怕工作做不好被淘汰，会下岗会丢饭碗。处于第二重境界的教师，他仅仅将教育工作当成一种职业，和其他任何职业没有什么不同的一种普通职业。他每天机械地重复着日常的工作，仅仅是为了完成所负职责：因为我是教师，当一天和尚撞一天钟，我就应该做教师应做之事。如果我从事其他职业，我也会这么做。处于第三重境界的老师，他们把教育当成一种事业，当成一种生活的艺术，当成体现自己人生价值实现、舞出自己生命辉煌色彩的舞台。教育工作于他而言，可以醉人而不知，可以育人而无痕，可以艰辛而不觉，无论遇到什么艰难困苦，他浑然不觉，甘之如饴。教育工作已经融入他生命中去，他付出的同时，也在享受着快乐和幸福，而在蓦然回首的一瞬间，他成就了自己完满的职业生涯。这大概就是师德的最高境界吧。

不可否认，教师职业首先是教师谋生的手段。既然从事了这一职业，那么这个职业就是我们赖以生活的基础，我们要靠这一职业养家糊口。但是，如果一个教师仅仅将其作为谋生的手段，仅仅为了满足基本生活需要而工作，为了生存而劳动，那么，他是体会不到工作带来的乐趣和成就感的，他是会一遇到困难就厌倦退缩的。长此以往，他的工作效果可想而知。而当教师意识到自己工作的责任感和使命感并树立远大的职业理想和勤业爱生的坚定信念，那么，他会在职业中自觉体现自身的价值，会在职业中寻找并体验生活和工作的乐趣。我们选择了教师职业，就是选择了一种与之相存相依的生活方式，这种生活方式也许没有世人眼中耀眼的“风光”，但它让我们远离了浮世的喧嚣和热闹，促使我们在淡泊名利中积极进取，在清苦宁静中乐观向上，在平凡琐碎中创造奇迹，在甘为人梯中成就未来。这就是教师的精神风貌，也是一辈辈优秀教师努力追求的生活境界吧。

总之，终身学习是时代发展的要求，也是教师职业特点所决定的。教师必须树立终身学习理念，拓宽知识视野，更新知识结构。潜心钻研业务，勇于探索创新，不断提高专业素养和教育教学水平。“终身学习”，一是文化学习，教师要有不断学习的精神，努力提高个人的科学文化素养。现实中，教师的进取心往往随着年龄稍长而消失，难以激起兴趣，常以经验代替学习，因而停滞不前，以资历开脱思想的懈怠。年轻教师往往对文化知识的学习是被动的，当任务而已。学习是苦差事，但苦中有乐，学习是要耐得住寂寞的，知识积累非一日之功，没有坚忍的意志是很难让自己的知识结构得到更新的。二是业务学习。社会在变，时代在变，教育理念在发展，教学方法和手段也必须顺应时代发展的要求，墨守成规、裹足不前的人是要落伍的。虽然我们每个人不可能都成为教育专家，但必须不断提高自己的业务素质，这就要求我们要树立终身学习的观念。因此，要虚心向别人学习，汲取科学先进的教育教学方法，改进自己的课堂，并在实践中融入自己的智慧与才能，走出新意，寻求更好的育人效果。

请思考

1. 您认为如何创设良好的外部环境，促使师德水平提升？
2. 教师自我修养师德的方式有哪些？
3. 请与身边的同事交流自己的读书心得。
4. 您怎样理解师德的境界？